プロデューサーたちは
いかにして
ミュージカルを
輸入したのか

日本のブロードウェイ・ミュージカル60年

60 YEARS OF
JAPANESE BROADWAY MUSICALS

Toshie Takeda
武田寿恵

小鳥遊書房

60 YEARS OF JAPANESE BROADWAY MUSICALS

日本のブロードウェイ・ミュージカル60年

目次

第1章　日本のミュージカルを作るために
——秦豊吉と帝劇ミュージカルス『モルガンお雪』

第2章　「本もののミュージカル」を日本に
――菊田一夫とブロードウェイ・ミュージカル『マイ・フェア・レディ』

第3章　かぶき者たちのブロードウェイ・ミュージカル
――浅利慶太の日本版演出

第4章　動物たちの「カラーブラインド・キャスティング」
——ジュリー・テイモアとミュージカル『ライオンキング』の人種表象

第5章　劇団四季の「アジア化」とその隠蔽

——レプリカによるミュージカル『ライオンキング』上演

第6章　宝塚歌劇のノンレプリカ公演における主人公の交代
——ブロードウェイ・ミュージカル『アナスタシア』の変容

はじめに

◉日本とブロードウェイ・ミュージカル

二〇二三年、日本でブロードウェイ・ミュージカルが上演されるようになってから、六十年の時が過ぎた。

このたった六十年の間に、日本は世界有数のミュージカル上演国となり、私たちは日々何かしらのかたちで、ミュージカルという存在に触れながら生活している。

では、読者の皆様は、どのくらいミュージカルを観たことがあるだろうか？

日常的に劇場へ通っている方、学校の芸術鑑賞会で観たことのある方、劇場に行ったことはなくとも、ディズニーのアニメ映画なら観たことがある方。そして中には、「ミュージカルは舞台も映画も、全く観たことがない」と言う方もいるだろう。けれど、あなたが普段何気なく見ている、タレントが歌ったり踊ったりするテレビＣＭも立派なミュージカルだし、あなたのお気に入りのカフェで流れているBGMだって、実はミュージカル・ソングかもしれない。そんな風に考えてみると、きっと私たちは自分で思うよりもずっと多くの、そして様々なミュージカル体験を重ねながら、この日本で生きている。

ミュージカルがこれほど日本に定着した要因については、能や歌舞伎といった歌舞劇に古くから親しんできた民族性など、諸説あるのだが、やはり、今から六十年前に輸入上演が開始されたブロードウェイ・ミュージカルの存在が、大きな影響を与え続けてきたことは間違いない。

日本の海外ミュージカル輸入は、一九六三年九月に東宝主催で上演された、ブロードウェイ・ミュージカル『マイ・フェア・レディ』から始まった。この公演で日本版の制作と演出を担当した菊田一夫《きくたかずお》は、公演プログラムの中で、「とにかく、これで、日本のミュージカル運動に一つの礎石をおくことができた」と述べ(1)、ミュージカル誕生の地であるブロードウェイから作品を輸入する意義とその喜びを、次のように綴っている。

> 日本のミュージカル運動は、すでに、発足いたしております。しかし此の公演からも、また一つの形が発足いたします。
>
> 　永い、遠い日の、日本のミュージカルの発展のために、あらゆる困難を排除して、東宝はこれを上演いたしました。日本のミュージカル界は、やっと、とにもかくにも、これを上演できるところまで進歩発展してきたのだ、とも言えましょう(2)。

ここで菊田は、ブロードウェイ・ミュージカルを上演することが、今後の日本のミュージカルの発展に繋がると述べ、『マイ・フェア・レディ』の公演を日本のミュージカルの新たな出発点と定めている。日本では『マイ・フェア・レディ』の上演以前から、歌と踊りを交えた音楽劇がいくつも制作されてきた。しかし、二〇世紀初頭にアメリカのブロードウェイで確立されたばかりの新しい音楽劇である「ミュージカル」の実態は、ごく一部の者しか海外旅行が叶わなかった当時の日本において、いまだに多くの謎に包まれていたのである。だからこそ、菊田は本場ブロードウェイからミュージカルを直接輸入し、日本にも正統派ミュージカルの根を張ろうとしていたのだ。

以降、日本は数多くのブロードウェイ・ミュージカルを輸入し、上演し続けてきた。現在では、ブロードウェイのみならず、ウエストエンドやウィーン、パリ、韓国など、世界各国からミュージカルを輸入している他、漫画やアニメなどを原作とした二・五次元ミュージカルなどの創作ミュージカルが次々と制作され、人気を博している。ミュージカルは日本で多くのファンを獲得し、ストレート・プレイ（歌と踊りのない台詞劇）をも上回る市場規模を誇る、一大コンテンツへと成長を遂げた(3)。

かつて菊田は、ブロードウェイ・ミュージカルの輸入によって「永い、遠い日の、日本のミュージカルの発展」を夢見ていたわけだが、現在のような日本でのミュージカルの流行の背景には、日本とブロードウェイ・ミュージカルの深い関わりがある。

◉翻訳と翻案

特に二〇〇〇年代頃まで、台詞や歌詞を日本語に訳して上演される海外ミュージカルは、「翻訳ミュージカル」という名前で呼ばれることが多かった。ブロードウェイ・ミュージカル『マイ・フェア・レディ』の上演以降、この「翻訳」という呼称が長年使われてきた背景には、西洋戯曲を輸入することでその近代化を図った、日本演劇の歴史がある。

明治期の日本では、西洋演劇を手本として従来の日本演劇を近代化しようとした、「演劇改良運動」が展開された。西洋戯曲の受容を中心としたこの運動は、もとの戯曲の出来事は残しつつ、舞台を日本に変え、登場人物も日本人に書き換える「翻案劇」と、元の戯曲の内容をできる限り損なわずに日本語訳する「翻訳劇」という、二つの異なる受容形態を生み出している。演劇研究家の河竹登志夫は日本の近代演劇史を、明治期の翻案劇による「改良演劇時代」、大正期から終戦までの翻訳劇による「近代劇時代」、戦後の伝統と近代を融合した「『混沌』あるいは『超近代の模索』の時代」の三つに区分し[4]、日本の近代演劇における異文化受容には、「翻案と翻訳という、ふたつの別々の受け入れ形態が必要だった」と結論づける[5]。そして、日本近代演劇における翻案劇が、「『外国』の作の筋や事件はそのままにして、地名、人名、人情風俗すなわち『世界』を日本に移しかえること──という、特殊な定義」を与えられていたとし、翻案劇という用語が、本来の「翻案」とは異なる定義で使われていたことを指摘する[6]。

カナダの文学理論家であるリンダ・ハッチオンは、著書『アダプテーションの理論』において、アダプテーション、すなわち翻案について次のように説明している。

反復と変形の両方であるアダプテーションは、ストーリーが複製される形なのだ。文化的選択により進化しながら、移動するストーリーは特定の文化に適応する。ちょうど有機体の個体群が特定の環境に適応するように。

わたしたちは、物語を繰り返して語り直し、見せ直し、参加し直す。その過程で、物語は繰り返されるたびに変化する。だが、識別可能なほどには同じである。それらは必ずしも下級であるわけでも、二流であるわけでもない。(7)

ハッチオンはここで、翻案とは受容先の文化に合わせて繰り返される物語の再解釈と再創造の行為であり、翻案によって新たに生み出された作品もまた、原作に劣らぬクオリティを有すると定義する。またハッチオンは同書の中で、舞台系メディアの文化を超えた受容は単なる翻訳を超えた翻案行為であり、「哲学、宗教、国民文化、ジェンダー、あるいは人種などの違い」が、「埋める必要のある溝を作り出す可能性がある」とも指摘する。(8)

つまり、ハッチオンの論に従えば、ブロードウェイ・ミュージカルが日本に受容される際には、文化や人種の違いといったアメリカと日本の様々な差異によって、作品は変容を余儀なくされるのである。この時、日本で上演されるブロードウェイ・ミュージカルは、ブロードウェイで上演されていた作品とは異なる、日本でしか観ることのできないブロードウェイ・ミュージカルへと翻案されていることになる。

長年日本で使われてきた「翻訳ミュージカル」という呼称は、物語の舞台を日本に移し替えたもののみを翻案劇と呼ぶ、日本近代演劇の特殊な定義の影響を受けており、実際には、日本で上演されるブロードウェイ・ミュージカルはみな、翻訳の枠を超えた「翻案ミュージカル」として捉え直す必要があるだろう。

◉日本のブロードウェイ・ミュージカル

日本に海外からミュージカルが輸入される際、その公演は、ノンレプリカ、レプリカ、ツアーと呼ばれる三つの上演形式の、いずれか一つを取ることになる。これはブロードウェイ・ミュージカルにおいても同様である。この三つの上演形式は、それぞれに次に示すような制約を有している。

ノンレプリカ

脚本と音楽のみを海外公演から踏襲し、演出、衣裳、美術などのその他の要素は日本で新たにつけ直し、それを日本の俳優が日本語で上演する形式。

例：東宝によるブロードウェイ・ミュージカル『マイ・フェア・レディ』、

宝塚歌劇によるブロードウェイ・ミュージカル『アナスタシア』など

レプリカ

脚本、音楽、演出、衣裳、美術など、できる限りの要素を海外公演から踏襲し、それを日本の俳優によって日本語で上演する形式。

例：劇団四季によるディズニー・ミュージカル『ライオンキング』など

ツアー

海外から公演スタッフ、俳優が来日し、元の言語で上演する形式。「来日公演」や「招聘公演」とも呼ばれる。

本書では、この三つの上演形式のうち、日本の俳優が日本語で演じるノンレプリカとレプリカの二つの形式によって上演された、いくつかのブロードウェイ・ミュージカルを、時代、文化、人種などといった様々な背景から論じている。

ノンレプリカは、脚本と音楽以外を日本で新たに制作するため、時に大胆な翻案が施されることがある。第2章で取り上げる東宝の『マイ・フェア・レディ』や、第3章で取り上げる劇団四季の『イエス・キリスト＝スーパースター』、第6章で取り上げる宝塚歌劇の『アナスタシア』がこれに当たる。

また、一見すると海外公演を忠実に再現しているように見えるレプリカも、日本への受容に際して改変が起きている。特に、昨今のブロードウェイでは俳優の多様化が進み、有色人種や女性、ハンディキャップがある人々といったマイノリティに属する俳優をどう積極的に起用していくのかが社会的な問題となっている。こうした問題意識のもとに制作されたミュージカルを、ブロードウェイほど俳優の多様化が進んでいない日本で、レプリカによって上演する際には、それなりの変容が必要とされるからだ。本書では、レプリカによるブロードウェイ・ミュージカルの変容を検討するため、第4章と第5章のそれぞれで、ブロードウェイと劇団四季による『ライオンキング』の公演について取り上げ、比較検討している。

次の第1章では、ブロードウェイ・ミュージカルが輸入される前の、日本の特異なミュージカル観を明らかにするため、例外的に国産ミュージカル『モルガンお雪』を取り上げている。

また、これらの上演について論じる際に着目したいのは、演劇プロデューサー、演出家、劇団といった「翻案者」たちの存在である。ハッチオンは、翻案者は「みずからつくり変えるものに対して力を行使する」と指摘するが[9]、本書では、ブロードウェイ・ミューカルを再解釈、再創造することで、日本独自の翻案作品である「日本のブロードウェイ・ミュージカル」を生み出した、彼らの仕事をたどっていく。

註

（1）菊田一夫「ご挨拶」、ミュージカル『マイ・フェア・レディ』公演プログラム、東宝事業部出版課、一九六三年。
（2）同右。
（3）ライブ・エンタテインメント調査委員会『ライブ・エンタテインメント白書　レポート編２０２０』二〇二〇年、一頁。
（4）河竹登志夫『近代演劇の展開』日本放送出版協会、一九八二年、二十三―二十六頁。
（5）同右、一三四頁。
（6）同右。
（7）リンダ・ハッチオン『アダプテーションの理論』片渕悦久・鴨川啓信・武田雅史訳、晃洋書房、二〇一二年、二一九頁。
（8）同右、一八五頁。
（9）同右。

第1章 日本のミュージカルを作るために——秦豊吉と帝劇ミュージカルス『モルガンお雪』

1 ミュージカルを始める

菊田一夫によるブロードウェイ・ミュージカルの輸入は、それ以前に日本で制作されてきた国産ミュージカルに対する一種の反抗であり、国産ミュージカルが築いてきた日本のミュージカル観を打ち壊し、正すためのものだった。では、菊田が抗おうとしたブロードウェイ・ミュージカル輸入以前の、日本独自のミュージカル観とは、一体どんなものだったのか。

ブロードウェイ・ミュージカル『マイ・フェア・レディ』の日本初演から遡ること十二年。戦後復興に沸く日比谷・有楽町の地で、国産ミュージカルのシリーズ化に成功し、日本のミュージカル観の生成に大きな影響を与えた、一人の男がいた。彼の名は秦豊吉《はたとよきち》。東京帝國大学法科大学を卒業し、三菱商事に勤めたエリートでありながら、四十一歳で株式会社東京宝塚劇場（現：東宝株式会社）の支配人へと転身し、以来、数々の劇場で舞台製作の責任者である「演劇プロデューサー」として経営に携わってきた変わり者である。

中学からドイツ語を学び始めた秦は、高校時代には同学年の芥川龍之介、久米正雄、菊池寛ら、未来の文学スターとともに文芸活動に勤しみ、三菱商事に入社後も仕事の傍らでドイツ文学の研究を続けていく。三菱商事では約六年間のベルリン赴任を経験し、その間にゲルハルト・ハウプトマン（Gerhart Hauptmann）やアルトゥル・シュニッツラー（Arthur Schnitzler）といったヨーロッパの著名な作家たちを幾人も訪ねた他、演劇、オペラ、舞踊、映画などの芸術を観るために、ベルリンをはじめとするヨーロッパ各地の劇場へ通い詰めていた。さらに、こうした体験を日本の雑誌に数多く寄稿した秦は、ヨーロッパの文学界、演劇界の最新の動きを伝えるなど、文筆家としての一面をもち続けた。

三菱の東京本社への異動によって帰国したのちも、文学、演劇に対する情熱を募らせていた秦は、友人の菊池寛から宝塚歌劇団の生みの親である小林一三を紹介されたことをきっかけに、四十一歳で小林のもとに移り、演劇プロデューサーとして劇場経営の手腕を振るっていくこととなる。そんな秦が、プロデューサー人生の集大成として取り組んだのが、国産ミュージカル・シリーズ「帝劇ミュージカルス」（第一回から第二回公演は「帝劇コミック・オペラ」、第三回公演は「帝劇ミュージカル・コメディ」、第四回公演以降は「帝劇ミュージカルス」の名称が使われている。以降、「帝劇ミュージカルス」と総称する）だった。(1)

一九五一年二月、第一回公演『モルガンお雪』が、当時秦が社長を務めていた帝国劇場で開幕した。日本初の本格的な国産ミュージカルといわれた『モルガンお雪』は大きな反響を呼び、当初一ヶ月の予定だった公演期間は好評のために二ヶ月に日延べしている。タイトルロールでもある主人公の芸者お雪を演じたのは、当時まだ宝塚歌劇団で現役男役スターとして活躍していた、越路吹雪《こしじふぶき》である。のちに、日本を代表するシャンソン歌手となる越路にとって、帝劇ミュージカルスは本格的な女優デビューの場でもあった。

越路と交流の深かった作家の三島由紀夫は、帝劇ミュージカルスのほとんどの公演で主演を務めた越路について、次のように振り返っている。

私は宝塚時代の越路さんを全く知らない。私が越路さんの熱狂的なファンになったのは、おそらく今日の多くの越路ファンと同様、昭和二十六年帝劇で発足した秦豊吉氏のミュージカル「モルガンお雪」や「貞奴」からのことである。（中略）ここで越路さんは一気に人気を獲得したわけであるが、秦氏のバタくさい体臭と氏の与えた半西洋、半日本の、文明開化的牛ナベ的

モダニズムの役柄に、越路さんは実にピッタリはまっていた。(2)

三島は帝劇ミュージカルスに出演する越路の姿に、秦が描こうとした「半西洋、半日本の、文明開化的牛ナベ的モダニズム」を透かして見せる。こうした三島の見解どおり、この国産ミュージカル・シリーズで秦が目指したのは、本場ブロードウェイのミュージカルとは全く異なる、「日本人も外人も、一緒におもしろく鑑賞出来るもの」であり(3)、実際に制作された舞台も、こうした秦のグローバル思想を大いに反映したものだった。

2　日本の「新しき『オペレット』」を目指して

◉ヨーロッパのオペレッタをお手本に

実は、帝劇ミュージカルスの制作を開始する二十年近くも前から、秦は日本で新しい音楽劇を作るように訴えていた。一九三三年、長年勤めた三菱商事を退社し、株式会社東京宝塚劇場の支配人へと転身を遂げた秦は、転職に先駆け、演劇視察のために欧米諸国を外遊している。その際に秦は、小林一三宛てに調査報告書をしたため、当時の宝塚歌劇で制作上演されていた「巴里式レビュー」、すなわち踊りを主とした「見た眼を驚かす美しいものづくめ」の舞台はヨーロッパでは既に時代遅れだと述べ[4]、レビューに代わって「オペレット（ミュージカル・コメディ）」を制作するよう提言する[5]。

本来、「オペレット」とはオペレッタのフランス語読みであり、「ミュージカル・コメディ」はオペレッタがイギリスで発展したものを指している。ここで秦の言う「オペレット（ミュージカル・コメディ）」とは、ヨーロッパで様々な名称で制作上演されていた音楽劇を総体的に捉えたものだと考えられる。全編が歌で構成されるオペラとは違い、歌手が台詞を話し、コミカルで軽い題材が好まれる傾向にあったオペレッタは、一八五〇年代にフランスで確立したのち、ヨーロッパの各地で制作上演されており、ベルリン赴任時代から秦が何度も観劇していた舞台でもあった。日本におけるオペレッタの輸入は明治期から見られ、大正期には浅草オペラに代表される、より大衆化されたオペレッタ上演も展開された。これに対し、秦はあくまでも日比谷・有楽町周辺に集まる士人に向けた国産オペレッタの制作を目指していた。

秦が、日本で手本とすべきオペレッタ作品として、特に報告書の中で取り上げたのは、当時ヨーロッパ中で人気を博していたR・ベナツキーによる『白馬屋』（日本では『白馬亭にて』の名で知られている）であった。『白馬屋』は、オーストリアのヴォルフガング湖畔に実在する高級リゾートホテルで繰り広げられる、若く美しい女主人と給仕長のコミカルな恋愛模様を描いた作品で、秦はこの作品の特徴について報告書の中でこう分析している。

一、単純なれども芝居として、一貫せる面白き筋があること。
二、何人にも愛好せられる郷土的色彩が甚だ豊富なること。
三、地方舞踊を巧妙に沢山取り入れたこと。
四、材料を欧州の田舎たる「チロール」に採り、絵空事に近き仏蘭西式レビュー界に新鮮なる空気を注入したること。
以上の特色は、又以って今日日本に於て行われつつある「美しい事」専門の夢幻的レビューに対する一暗示なるべし。[6]

『白馬屋』の特徴を、単純でも一貫したストーリー、地方特有の郷土と踊り、題材を実在する場所にとったことに見出した秦は、日本でもこれに倣った「新しき『オペレット』」を制作するよう提言した。[7] この時、宝塚のレビューに親しんできた日本の観客に配慮した秦は、「レビュー的要素を、全く除外するものに非ず」とし、「従来の『オペレット』が芝居に歌謡を挟みたるに過ぎざるに反し、新しき『オペレット』はレビー《ママ》の強味なるスペクタクルを十分取入れ、レビューの長所は依然として『オペレット』内に存続せしむるものなり」ともつけ加えている。[8]

したがって、秦の想定した日本の「新しき『オペレット』」とは、日本の郷土を題材にした一貫したストーリーとレビューの要素を併せもった、日本独自の音楽劇を指しており、秦はこれを「レビュー式オペレット」とも表現している。

◉帝劇ミュージカルスに引き継がれた「新しき『オペレット』」の構想

・実話だった『モルガンお雪』

日本の郷土を題材にし、一貫したストーリーとレビューの要素を併せもった秦の「新しき『オペレット』」の構想は、戦後に始まった帝劇ミュージカルスによって結実する。まずは、第一回公演『モルガンお雪』のあらすじを確認し、秦が帝劇ミュージカルスにいかに「新しき『オペレット』」の構想を取り入れようとしていたのかをみていこう。

京都の芸者お雪は、都おどりへ向かう途中で日本語がわからず困っていたアメリカ人の男を助ける。彼は世界的な財閥一家の一員で、名をモルガンといった。すっかりお雪を気に入ったモルガンは、一緒に茶の湯を楽しんだり、円山公園の夜桜を見たりと親睦を深めていく。優しいモルガンにひかれたお雪は、粗野なパトロンや貧乏な恋人との関係に見切りをつけ、モルガンと結婚することを選ぶ。

船に乗って新婚旅行へ向かったお雪とモルガンは、途中立ち寄ったエジプトで誘拐事件に遭いながらも、なんとか目的地のパリへとたどり着く。パリでレビューを見物するなど、華やかな日々を過ごすお雪だったが、モルガンの家族は日本人のお雪を認めず、ついにはモルガンの叔父がやって来て、お雪に別れるよう迫る。それを拒否したお雪は、モルガンとともにニースの別荘へと移る。
数年後、モルガンの留守中にかつての恋人である川島が訪ねてくる。お雪はなつかしさに喜ぶが、そこへモルガンが不慮の事故で亡くなったとの電報が舞い込む。モルガンを失い、悲しみに暮れるお雪は美しき故郷に思いを馳せ、日本へと戻っていく。

主人公お雪のモデルとなったのは、一九〇四年に現在の価値で約八億円ともいわれる身請け金で、モルガン財閥創始者の甥、ジョージ・モルガンと国際結婚を果した、加藤ユキという芸妓だった。ユキのロマンスは、当時大きなニュースになった他、一九三七年には長谷川時雨《はせがわしぐれ》によって小説化もされており、日本中の人々の心に大きなインパクトを残していた。

秦は有名な実話を基にして、日本の芸妓と大金持ちのアメリカ人との出会い、結婚、パリでの豪奢な生活と死別を描くことで、日本の「郷土的色彩」と華やかなレビューの要素の双方を作品に取り入れることに成功している。

• 日本の「郷土的色彩」

秦は、「新しき『オペレット』」に日本の「郷土的色彩」を加えるように提言していたが、それを引き継ぐように、『モルガンお雪』には日本の文化風俗や舞踊などがふんだんに盛り込まれた。たとえば、幕開き早々には京都の春の風物詩である「都おどり」が、舞妓に扮した日劇ダンシングチーム（ＮＤＴ）の総勢二十四名のダンサーによる日本舞踊で再現されている。(9) さらに、芸者や舞妓が行き交う祇園の街並みや、夜桜の美しい円山公園など、京都の実在の場所が登場する他、モルガンがお雪を乗せた人力車を引いて舞台上を歩いたり、お茶の作法がわからずに四苦八苦したりといった場面が印象的に描かれている。

こうした日本の「郷土的色彩」を題材とする作品制作は、帝劇ミュージカルスの公演に一貫して見られる特徴であり、たとえば、第二回公演『マダム貞奴』（一九五一年）では、日本初の女優と呼ばれ海外でも人気を得た川上貞奴の半生を、第三回公演『お軽と勘平』（一九五一年）では、歌舞伎『仮名手本忠臣蔵』のエピソードを題材としている。

●ショーの要素

一方で、『モルガンお雪』にはレビューのような大掛かりなショー・シーンも多く盛り込まれた。公演プログラムの筋書きによると、日劇ダンシングチームの女性ダンサーたちが、パリジェンヌや花かごを頭に載せた大原女に扮し、劇中で三度もラインダンスを披露している。横一列に並んだ女性たちが一糸乱れぬ動きで脚を上げるラインダンスはロケットとも呼ばれ、現在でも宝塚歌劇のレビューに必ず組み込まれる踊りである。

加えて、お雪たちがパリの劇場で観るレビューは、劇中劇として舞台上で展開されるのだが、この時、レビューの主演女優として登場するのは、それまでお雪を演じていた越路吹雪その人であった。このレビューの中で、越路は「ビギン・ザ・ビギン」などの洋楽を歌い、多くのダンサーを従えてボレロやマンボを踊ってみせ、客席を大いに沸かせたのだった。

◉アメリカ人も喜ぶ舞台

こうした日本の「郷土的色彩」を意識した場面の多くは、日本人の観客に親しみやすさを感じさせるだけでなく、当時の日比谷・有楽町界隈に溢れていた在留アメリカ人に、オリエンタリズムをアピールする手段としても使われていた。

戦後、ＧＨＱから公職追放処分にあっていた秦は、帝国劇場社長として復帰した際、「帝劇で、何を始めたらよいか」と思案し、日本の演劇は「もっと国際的になるべき」だと考えたという。[10]

これからの演劇は、日本人も外人も、一緒におもしろく鑑賞出来るものでなければ、いけない。第一それだけでも、観客数は殖える訳である、と私は考えてきた。
それには、外国の形式と手法で、日本の材料をこなし、日本の伝統と地方色を作り直し、国際化し、新しいものにすることである。（中略）私らも外国にゆけば、映画は日本でも見られるから、そんなものを見ようとはしない。外国でなければ見られない、大当りの芝居を見にゆく。日本にくる外人だって、そうであろう。今日の日本には、そんなものがない。カブキは外人にとって、楽しんで見られるものではない。
その方法とは何か、それは音楽によるほかはない。(11)

これらの言葉からは、秦が帝劇ミュージカルスの観客として、日本人だけでなく外国人、ことさら当時の日本に多く滞在していたアメリカ人を想定していたことがわかる。「日本人も外人も、一緒におもしろく鑑賞出来る」舞台、すなわち、アメリカ人の興味を引くような、日本でなければ観られない、日本ならではの舞台を作ることこそが、秦が帝劇ミュージカルスを創始する原動力だったのである。

秦の目論見どおり、『モルガンお雪』は在留アメリカ人たちの間でも好評を博している。モルガン役を演じた古川ロッパは、自身の日記の中で、舞台が終わるのを惜しんだアメリカ婦人からどこへでも送っていくから車に乗るように誘われたことや、ある夫婦に「モルガンさん」と声を掛けられ喜ばれたことを明かし、「実にアメリカ人によく知られたり」と書き留めている。(12)彼を「古川さん」ではなく「モルガンさん」と呼ぶ在留アメリカ人たちからは、舞台上のモルガンに対する親しみがよく伝わってくる。日本語や日本のしきたりがわからずに戸惑う舞台上のモルガンの姿は、それを見るアメリカ人たちの境遇に重なって共感を呼んだであろうし、オリエンタルな魅力をもつ美しい芸者が、粗野であったり貧乏であったりする日本人男性ではなく、優しい金持ちのアメリカ人男性を選ぶというストーリーも、『モルガンお雪』が在留アメリカ人たちの間で人気を博した要因の一つと考えることができるだろう。

3　主演女優・越路吹雪の果たした役割

◉越路がいないと始まらない

実は、『モルガンお雪』は開幕して間もなく、二日間の休演と数日間歌唱シーンをカットしての上演を余儀なくされている。その原因は、この舞台にお雪役で主演した越路吹雪の喉風邪だった。休演や歌唱シーンのカットといった秦の決断に対し、『読売新聞』は、「代役も使わず入場料百万円をフイにしてまでこの挙に出たのは異例」との見解を示している。(13)

古川ロッパの日記には、喉の調子が悪いと訴える越路に対し、秦が「古川君が倒れたって休まない、が、貴女が倒れたら休みます」と言ったこと、秦が開演前に舞台に立ち、「越路が声をやられ歌へず、これは帝劇の寒気のためだ」とわざわざ観客や記者に言い訳していたことが、呆れ気味に綴られている。(14)

また秦自身も、この時の様子を次のように記している。

終演後、私は越路の躰を毛布に包み、タキシイの中でしっかりと抱きかかえ、目白の坂を上り、十二時近く、病院のベッドに寝かせ、医者の手当を頼んだ。ぐったりと疲れて冷えた越路を、強く抱きしめて励ました。それから寝静まった病院を出て江戸川終点あたりでタキシイを拾い、国電の終電車に追いつき、大井のわが家に帰った。[15]

こうした秦の証言は、越路への並々ならぬこだわりを感じさせる。なぜ秦は、代役も立てず数百万円の払戻金を出してまで、越路の回復を待つ「異例」の決断を下したのか。それは、彼が著書の中で「越路でなくては、この女主人公が勤《ママ》まらないと信じた」と記しているとおり[16]、越路無くして『モルガンお雪』が完成などしないことを、秦自身が一番よく理解していたからだろう。

◉越路吹雪の「西欧的豪華」

『モルガンお雪』の上演当時、越路はまだ宝塚歌劇団に所属する現役の男役スターだった。[17]日本初のレビューである『モン・パリ』(一九二七年)の上演以来、日本でのレビュー制作ならびに上演を牽引し続けてきた宝塚歌劇は、戦後、ブギウギやジャズといったアメリカ音楽を急速に取り込み始めていた。そして越路は、そんなアメリカ受容が進む宝塚歌劇を象徴するスターだった。

特に、一九四六年に上演されたレビュー『ミモザの花』の劇中で越路が歌った「ブギ・ウギ・パリ」(内海重典作詞、河崎一郎作曲)は大きな評判を呼び、翌年にはこの曲を主題歌にした越路主演のレビュー『ブギウギ巴里』が上演されるほどであった。「アメリカ生れの/素敵なリズムが/はるばる海越え／巴里の街に来たとき／陽気な巴里っ子は／ヤー／たちまちお気に入り」と歌うその歌詞は[18]、アメリカの音楽であるブギウギがパリの街で流行するといった内容である。この歌詞に登場する「巴里」は、すなわち戦前からパリ式のレビューを日本で上演してきた宝塚歌劇のメタファーと捉えることもでき、宝塚歌劇におけるアメリカ音楽受容の高まりを象徴する楽曲といえるだろう。そして、この「ブギウギ巴里」を歌う越路の姿もまた、新時代の到来を実感させるものであった。越路の評伝『夢の中に君がいる』を執筆した島野盛郎は、身体をいっぱいに使ってリズムを取り、エネルギッシュに歌い上げる越路を、「こんなダイナミックで魅力的な歌い方があったのかと思い知らされるような見事なものであった」と称賛している[19]。

レビュー・スターである越路の魅力は、『モルガンお雪』においても存分に発揮されている。主人公のお雪だけでなく、パリでのショー・シーンでレビューの女王も演じた越路について、音楽評論家の安倍寧は次のように述べている。

どうして、この舞台がまるまる二カ月のロング・ランになったのか。重要なファクターとして働いたのは、明らかに、宝塚在籍のまま出演した越路吹雪の大輪の薔薇のようなあでやかな魅力である。わたくしは、確信をもってそう断言できる。（中略）越路は、早変わりで劇中劇のそのレヴィユウのグランド・ヴデットをも演じ、「ビギン・ザ・ビギン」や「ウェディング・サンバ」などを歌った。劇の筋書きとは関係なく、その場面が痛く忘れがたい。

ロング・ドレスの裾を軽く翻えしながら歌いまくる彼女の姿に、日本人離れした躍動感やスケールの大きさを感じたからだ。[20]

安倍は『モルガンお雪』の舞台構成について、「統一感に乏しく、ごった煮という印象をまぬがれ得なかった」と指摘しつつも、[21]越路には手放しの称賛を送る。『モルガンお雪』の公演プログラムには、「宝塚の女王が得意中の得意の歌に満場を酔わす」との解説がつけられており、越路の歌が呼び物の一つであったことを裏づけている。[22]

◉越路吹雪の「お茶づけ的哀愁」

こうした異国情緒溢れるエネルギッシュな魅力の一方で、越路には、哀愁や素朴さといった、実に日本的な要素も備わっていた。当時の新聞は、『モルガンお雪』に出演した越路が、「裏長屋のおかみさんのように庶民的な顔」であり「親近感」を呼ぶものでありながら、和装になると新派の名女形である花柳章太郎が褒めるほどの着こなしを、洋装になると「日本の女優のだれもが表わせなかったソコハカとなきエロチシズム」を感じさせる着こなしを見せたことに注目する。[23]また、演劇評論家の戸板康二は、帝劇ミュージカルス第三回公演『お軽と勘平』に出演した越路について、「三枚目の要素と併せて、ふしぎな哀愁感がある」と述べ、[24]次のように言及している。

僕は「お軽と勘平」でおかる《ママ》に扮した彼女が、帝劇の貴賓席を、七段目の中二階に見立てて、その欄干に倚りかゝつてゐる姿を見た時に、そこにある哀れさにおどろいたのである。同時に、「假名手本忠臣藏」に描かれてゐるおかるの劇的境遇の悲惨さを、こんな形で、はつきり示された偶然にも、苦笑せずにはゐられなかつた。(25)

『お軽と勘平』の原作である歌舞伎『仮名手本忠臣蔵』では、六段目の「与市兵衛内勘平腹切の場」において、夫・勘平に金を工面してやるため身売りを決意するお軽と、お軽の父親を殺してしまったと勘違いして自害する勘平の悲劇的な運命が描かれている。この二人の物語に焦点を当てて翻案された『お軽と勘平』は、歌舞伎とは異なりハッピーエンドのコメディに仕立てられた。にもかかわらず、戸板は越路の演じるお軽から、歌舞伎に描かれていた「劇的境遇の悲惨さ」をはっきりと感じ取ることができたと驚くのだ。さらに戸板は、第五回公演『美人ホテル』(一九五二年)において、割烹着を着てアイロンがけをする越路の姿を絶賛し、越路には庶民的な役柄がしっくりくることに触れている。(26)

レビューの女王として西洋的でダイナミックな魅力を見せていた越路は、一方でそれとは正反対の、日本の庶民的な親近感や哀れさをも、同時に備えている女優であった。三島由紀夫は、『モルガンお雪』の初演から十年以上の時が経過しても衰えることのない越路の人気の秘密について、次のようにも分析する。

その後十数年、越路さんが、当時の歌手や俳優の凋落をよそに、依然として強い人気を持続しているのは、偉とすべきだが、正直をいうと、いまの越路さんの人気は「他に人がいない」ゆえの人気でもある。いまだにだれ一人、レビューのフィナーレの大階段を裾を引いて堂々と下りて来て、越路さんほどの「つきづきしさ」を感じさせるスターがないからである。だれ一人、西欧的豪華とお茶づけ的哀愁と、豊麗な女性的魅力と、スッキリした男性的魅力と、……そういう相反するものを一身にそなえたスターが他にいないからである。(27)

三島の分析によれば、越路は「西欧的豪華とお茶づけ的哀愁」を備えた女優であり、秦の作り出した「半西洋、半日本の、文明開化的牛ナベ的モダニズム」の帝劇ミュージカルスを、まさに体現する存在だったといえる。秦自身もこれをよく理解しており、越路が「日本衣裳と西洋衣裳とを、どちらも美しく着こなす」と述べ、「祇園芸者としての京都弁のかわいらしさ、マンボを踊る力強さ、黒づくめの長い衣裳を着たフランス・スタイル、みな他に及ぶものがない」と賛美している。(28)

西洋的であり日本的でもあるという相反する要素を「つきづきし」く備えた越路の存在は、秦の帝劇ミュージカルスがもつ和洋折衷の世界観の根幹を担うものであり、だからこそ、休演により大きな損害を払おうとも、秦は越路の出演に執着したのだった。

4　秦と裸の女たち

◉ストリップ・ショーを日本で

第一回公演『モルガンお雪』の開幕から十日ほど経過した二月十七日の新聞広告には、「歌と踊りと裸女大亂舞！　本場巴里も顔負けの大レヴユウ！」という見出しが堂々と登場する。(29)この「裸女大亂舞！」の謳い文句からも想像できるように、完成した『モルガンお雪』は、裸の女性たちに溢れたストリップさながらの舞台だった。

実は、日本で初めてストリップ・ショーを上演したプロデューサーでもあった秦は、彼自身が日本で流行させた日本式のストリップを、帝劇ミュージカルスの中にも取り入れてしまったのである。三菱商事に勤務する傍らでゲーテやレマルクらの作品を翻訳し、ドイツ文学者としても活躍していた秦は、同時にフランス人作家マルキ・ド・サドに傾倒し、丸木砂土《まるきさど》のペンネームで活動する、好色文学作家でもあった。そんな秦がストリップ・ショーを日本で初めて上演したのは、『モルガンお雪』上演より四年前の、一九四七年のことだった。

戦前、一度は株式会社東京宝塚劇場の社長にまで上り詰めた秦も、戦時中に戦意を煽るような舞台を制作したとして、戦後はＧＨＱから公職追放処分を受けている。一九五〇年に処分が解除され、帝国劇場の社長として表舞台に復帰するまでの約五年余り、表立った活動を制限された秦は小劇場での活動にその身を投じていたのだった。

一九四七年一月、秦は新宿の帝都座五階劇場で帝都座ショウ第一回公演『ヴィナスの誕生』を上演する。その中の「名画アルバム」という場面で、大きな額縁の中で薄い布をまとった裸の女性がポーズを取るシーンがあり、それが日本初のストリップ・ショーとなった。三菱商事でのベルリン赴任時代、ヨーロッパでヌードの女性たちによるタブロー・ヴィヴァン（活人画）を観劇していた秦は、これを日本で上演したのである。

秦のストリップは「額縁ショー」と呼ばれて瞬く間に人気を博し、日本全国にこれを真似たストリップ・ショーが続出した。これに対して秦は、「方々に醜悪な、歪曲した真似が出来たのには、全く閉口した」と述べ[30]、「額縁ショー」のコンセプトだけをなぞった巷のストリップ・ショーを、「芸なしのハダカ・ショウ」と呼び批判している[31]。とりわけ秦が嫌ったのは、「芸なしのハダカ・ショウ」に出てくるストリップ女優たちの粗末な裸体だった。

頭が大き過ぎ、乳房が恰好悪く、胴が長過ぎ、その代りに足がへちまのようで、短か過ぎて、その上に曲っていて、こんな醜悪な女性が、生活のためとはいえ、舞台上に、こんな身体をさらすとは、実に気の毒であった[31]。

現代であれば問題になりそうな発言だが、秦にとっては美しい裸体こそが芸なのであり、ストリップの舞台に立つための資格でもあったのだ。

●日本女性の裸体美

秦は著書の中で、自分のお眼鏡にかなった日本人ストリップ女優を四人選び出し、その身長、体重、スリーサイズの他、体の細部のサイズを測ってフランス女性の標準と比較している[33]。これによれば、日本女性はフランス女性に比べて同じ身長であっても全体的にサイズが小さく、足だけが比較的太めだったという。

帝都座ショウに自ら寄せた批評においても、秦は日本女性の下半身の不格好さを「民族的悲劇」と嘆き、それと同時に日本女性の上半身の美しさにも注目している[34]。彼が批評の中で繰り返し強調したのは、日本女性の白でも茶でもない「小麦色の肌の軟かさ」と惜しげもない「豊麗な乳房」についてだった[35]。秦のストリップ・ショーについて検討した京谷啓徳は、秦が世界や日本の裸婦像の中から、意識的に女性の下半身よりも上半身を強調する題材を探し、積極的に「額縁ショー」に使用していたことを指摘している[36]。

日本でストリップ・ショーを成功させた秦が次に挑んだのは、日本の演劇界に日本女性の裸体美を持ち込むことだった。『ヴィナスの誕生』の成功から程ない一九四七年五月、秦は空気座という解散寸前だった劇団と組み、帝都座五階劇場で『肉体の門』を上演する。田村泰次郎の同名小説を舞台化した本作を、秦は「ショウの形でなく、芝居の中に裸体を見せて、沈滞しきって、何の新鮮さもない東京の劇壇に、爆弾を投げつけたような効果を挙げた」と自負してはばからない[37]。戦後の日本を舞台に、娼婦同士の友情や裏切り、男たちとの愛憎を描いた本作には、ショッキングな場面が多く、見せ場は娼婦同士のリンチ・シーンだった。

刺青をした女が、バンドを外して立ち向う。いざぶつという瞬間に、吊した女のブラウスから、乳房を隠すブラジャアまで、ひっぱずしてしまう。尤も女は、見物に背中を向けているが、真白な背中の肉が、何も隠さぬ胸へかけて、盛り上がって白く輝く。ぶたれて気を失った女が、吊した縄をゆるめられて、くるりと躰をくねらして、床の上に倒れる。背から胸へかけて、照明を受けて、雪のように白かった。「肉体の新宿」という感がした。これで私は日本の芝居を、少し西洋らしくしたと思った[38]。

吊るし上げられた娼婦が服を剝ぎ取られ、裸のまま革ベルトでめちゃくちゃに打たれるこの場面を、秦はいたく気に入っている。ここでも、秦の注意は女の裸、特に日本女性の裸体美と考えていた上半身へと向けられている。

この時、秦は『肉体の門』を「西洋らしし」い芝居だと語っているが、そのモデルとなったのは、ベルリン赴任時代に見たパリのグラン＝ギニョル座の残酷劇や好色劇であった[39]。東京で四ヶ月のロングランを果たした『肉体の門』は、熱狂的な人気を誇り、秦はその様子について、「一日続けて見物した女が、帝都座五階から飛び降り自殺をした」と、自慢げに書き残している。[40]

●帝劇を美人劇場へ

ストリップ・ショーや小劇場での活動で発揮された、秦の裸の女性たちへの情熱は、帝劇ミュージカルスにも注がれることとなった。秦が『モルガンお雪』の構想を発表した新聞記事には、「帝劇の舞台にストリップ」という見出しが驚きとともに掲載されており、それによれば、秦は『モルガンお雪』に「フォリ・ベルジェールやムーラン・ルージュの舞台面をこしらえ、ストリップ・テイーズもはさむ」つもりだと報じられている。[41] フォリー・ベルジェールやムーラン・ルージュはコーラス・ガールたちによる過激なショーが催されていたパリの劇場であり、それを再現する「ストリップ・テイーズ」、つまりはストリップ・ショーを組み込むことを、秦は当初から心に決めていたのである。

さらに、開幕直前に掲載された新聞記事には、帝国劇場で行なわれたストリップ・ガールのオーディションの様子が、下着姿で一列に並び、片脚を上げてラインダンスを披露する女性たちの写真入りで伝えられている。[42] このオーディションにやってきた女性たちのうち、十四名が合格し、人気ストリップ女優のリー・ローズ・レイ、パール・濱田、マーガレット・丘、マヤ・鮎川とともに「帝劇ビューーティーガール」として『モルガンお雪』に出演し、帝国劇場の舞台でその裸体を晒したのだった。

格式高い帝国劇場でストリップを行なうという秦のアイディアに対しては、内部からの反発も起こっている。モルガンを演じた古川ロッパは、秦を「秦ハリキリ大王」と名づけ、次第にストリップ色の濃くなっていく『モルガンお雪』の稽古過程を、次のように書き記している。

> 帝劇へ。今日、かほ合わせ。二階貴賓室へスタッフ一同集る。秦豊吉自ら菊田の脚本（昨夕完成）を読む。ところが、まるで菊田らしくない、よっぽど改訂したらしい（菊田、改訂と演出を秦が勝手に小崎政房にさせると定めたことにつき電話で大どなりありし由。又、小崎も、この演出は自分に不向きなりと下《ママ》りたとか）。秦ハリキリ大王、泡をとばしての本読み。(43)

古川は、菊田一夫の書いた脚本が秦の手によって大幅に改訂され、それによって菊田が脚本から降りたと記す。当時の菊田は舞台やラジオドラマの脚本、作詞とヒット作を連発していた売れっ子脚本家であったのだが、そんな売れっ子の書く芝居よりも、『肉体の門』の演出も務めていた小崎の方を、秦は求めたのだった。

秦は、著書『演劇スポットライト』の中で、ミュージカルの脚本家とは、音楽や舞踊との関係を配慮してストーリーを考えられる者であるべきだが、「その脚本をずたずたにされ、作曲振付の方面から原作を加減される事に、みな侮辱を感じているようだ」とし、「それだから原作が、『ミュージカル』の構成の一部分に過ぎないと思われない限り、いわゆる既成の脚本作家に原作の依頼は、全く意味がない」と、脚本家たちへの不満を述べている。(44)

古川は、菊田がこうした秦の態度に対し、「秦は演劇はきらひ、ショウのみ好き」と愚痴をこぼしていたとも記しており、[45]このような脚本家とのすれ違いは、秦のミュージカル観を浮き彫りにする。オペレッタのような「単純なれども芝居として、一貫せる面白き筋」を目指していた秦にとって、ミュージカルのストーリーは音楽や踊りよりも優先されるべき絶対的存在ではなく、あくまでも、単純で一貫性があり、面白ければそれで充分だったのである。

加えて古川は、秦自身の作詞による猥らな歌詞や、画家が舞台上で女性の尻に絵を描くといった演出にも難色を示し、アーニー・パイル（接収中の東京宝塚劇場）の演出家で、『モルガンお雪』では公演のアドバイザー的役割を果たしたジョージ・ルイスが、「こんなショウは二十歳以下は入場禁止といふことにCIEから言はせたい」と言っていたと記し、「秦はロウ・クラスのショウマンなり、日本にはよきプロデューサーなし」とルイスと不満を言い合ったことも綴っている。[46]華族出身のインテリであり、「声帯模写」という声真似を得意とする知的な芸風を売りにしていた古川にとって、「秦ハリキリ大王」のストリップなど、到底受け入れられるものではなかったのだろう。

しかし、当の秦は周囲からの反対など気にもかけていなかった。『モルガンお雪』の公演プログラムに掲載したコラム「帝劇を美人劇場へ」の中で秦は、ストリップ・ガールを観た作家の坂口安吾が「ハダカばかりで能がない」と叱ったエピソードを紹介し、「舞台に裸を見せる以上、その全身は美しくあるべきが条件だが、その美しい全身というのが中々あるもんでない」と反論する。[47]そして、「能がなく、芸がなくてもよいから美しい全身だけがあればそれだけで大いに結構」と豪語し、ゆくゆくは帝国劇場をニューヨークのジーグフェルド劇場やパリのレビューに匹敵するような、美人の集まる「東洋の名物」にしたいと野望を語っている。[48] 秦は、美人に「芸はいらない。（中略）少しばかりレビュウという舞台を、歩いてくればよい」とも断言しており[49]、坂口が求めたような、演技や歌や踊りといった芸術的才能よりも、美しい裸体そのものをストリップ・ガールの芸と捉える姿勢を貫く。

帝国劇場を日本の美人劇場に、という秦の意気込みどおり、ミュージカル『モルガンお雪』には総勢三十名を超える女性ダンサーと十八名のストリップ女優が出演し、その美しい姿を存分に披露した。[50] 秦はのちに、『モルガンお雪』にストリップを出した真意について、「日本に少い女性の美しい躰を、美しい姿そのものとして見せるため」であり、「日本の女の中から[51]、一人でも美しい立派な形を発見する事が、私達ショウの仕事をしている者のつとめだ」と述べている。[52]

結果的にこうした秦の思惑は当たり、「歌と踊りと裸女大亂舞！ 本場巴里も顔負けの大レヴユウ！」を売り文句にしたミュージカル『モルガンお雪』は大ヒットする。秦に否定的だった古川も、公演を重ねるうちに、「全くこんなヒットは、生涯に二度と無いのではなからうか。ニューヨークのステージを夢みたくなる」と興奮気味に日記に綴っている。[53]

秦は「新しき『オペレット』」の構想を帝劇ミュージカルスに引き継いだが、そこに新しい要素であるストリップを加えることで、より一歩踏み出した、戦後の日本にフィットする音楽劇を作り出そうとした。『モルガンお雪』以降も、秦は帝劇ミュージカルスの公演にストリップ女優を登場させており、裸の女たちの存在は帝劇ミュージカルスにとって欠かすことのできない特色の一つだったといえるだろう。

5　秦が日本のミュージカルに残したもの

◉「ミュージカルス」とは何だったのか

帝劇ミュージカルスとは一体何だったのか。本シリーズが帝劇コミック・オペラから始まり、帝劇ミュージカル・コメディ、帝劇ミュージカルスと名称変更を繰り返したことに対し、秦は、最初はヨーロッパ風にコミック・オペラと名づけたものの、「この名前は欧州で使い古したものなので、後に米国式に『ミュージカルス』と改めた」と釈明する。(54) こうした言葉からは、帝劇ミュージカルスの度重なる名称変更が単に時代の流れに合わせて行なわれたものであり、秦にとってはコミック・オペラもミュージカル・コメディもミュージカルスも、実質的な違いなどなかったことがわかってくる。

ヨーロッパとアメリカの音楽劇をごちゃまぜにした秦の認識からは、帝劇ミュージカルスの制作が、アメリカ演劇、そしてアメリカ文化としてのミュージカル受容を目的としていたのではなく、欧米の音楽劇の型を利用して、日本の題材を国際化し、日本でしか見られない新たな音楽劇を作り出すことを、その核心としていたことが浮き彫りになる。

秦は、自身が想定するミュージカルという用語が指し示すものについて、かつて小林一三が目指した国民劇を引き合いに出し、次のように定義する。

昔、小林一三先生が主張した、「国民劇」という言葉は全く誤解されたが、先生の言われる意味では、歌舞伎劇こそ昔の「国民劇」であり、今日でもこれに代るべき、芝居と音楽と舞踊の綜合された舞台、「現代の歌舞伎劇」こそ「国民劇」であり、これが今日のいわゆる歌舞伎劇とは全く別個な、新しい創作のショウであり、偶々これが「国民劇」という名前のために誤解されたので、外国名にすれば、「ミュージカル」という外に名はないのである。[55]

小林自身は、「西洋音樂並にダンスや唱歌の勢力が歌舞伎劇に加はつて現在保有する歌舞伎劇のいろ〳〵の長所と、うまく調和して出來上るもの」を国民劇と称していたわけだが、[56]秦はこの国民劇を、アメリカ式にいうところのミュージカルと同義だと解釈する。[57]

秦は、「米国に於ける『ミュージカル』を、日本で完成したい」とも述べているが、[58]これが決してアメリカ文化の中で誕生し発展したミュージカルという演劇ジャンルそのものを指していたわけではないことは、ここで指摘しておきたい。

◉秦の帝劇ミュージカルスの特色

帝劇ミュージカルスの実態は、アメリカのミュージカルとは全く異なるものだった。しかし、オペレッタやミュージカルといった欧米の音楽劇の手法を手本とし、日本独自の新しい音楽劇を作り上げようとした点にこそ、帝劇ミュージカルスの大きな特色がある。秦は、帝劇ミュージカルス第五回公演『美人ホテル』のプログラムの中で、映画評論家である大木弱九のミュージカル論を持ち出し、次のように引用している。

大體ミュウズイカル映画はレビュウから始まつたショウであるから、音樂と踊りと色彩を三原則とする。諸君が、映画に於ける澤山のステイヂ・ミュウズイカルスを見られる時には、まずこの三原則を摑まないといけないのである。ところが日本の多くの批評家は、すぐれた日本の戰前の少女歌劇のレビュウさえ観ていないから、こういうスタイルの音樂映画を見た時も、まずストオリイは、全く傍役であることを知つておかなければならない。だから、こういう種類の映画の批評でストオリイがチンプだから駄作だという批評をよんだら、その批評家はミュウズイカル映画に對する知識を全然もつていないと判斷してよい。

——これは映画批評の権威大木弱九先生のお説ですが、有益と考え、轉載させて頂きました(59)

ここで秦は、ミュージカルはレビューを源流とし、「音樂と踊りと色彩を三原則とする」と断言した大木の言葉を、「有益」だと支持している。

現在、ミュージカルとは、音楽、踊り、芝居を三原則とするというのが一般的な認識であるが、秦や大木は芝居よりも「色彩」というショーの要素を重要視していた。新劇などに代表される日本の西洋演劇受容は、何よりも戯曲を尊重する傾向にあったが、秦が帝劇ミュージカルスで実践していたのは、欧米の音楽劇の手法そのものを日本に持ち込み、それを利用して日本独自の「新しき『オペレット』」を作り上げることだったのである。

また、秦が帝劇ミュージカルスの観客として、日本人のみならず外国人をも想定していたことも特筆すべき点である。「日本人も外人も、一緒におもしろく鑑賞できるもの」を目指して作り出された帝劇ミュージカルスは、ヨーロッパのオペレッタの手法で日本の題材を扱い、日本で親しまれてきたレビューや、日本人女性の身体美を活かしたストリップ・ショーを混ぜ合わせた、和洋折衷の舞台芸術であった。だからこそ、秦の帝劇ミュージカルスは日本でしか観ることのできない、日本独自の「ミュージカル」に成り得ていたのである。秦は日本中の美人を集め、帝国劇場を「美人劇場」へと変えようとしていたが、これは西洋女性とは異なる日本女性の裸体美を売りにすることで「東洋の名物」を作り、海外から客を呼び込もうとの算段からであった。つまり秦は、この帝劇ミュージカルスによって、世界へ向けた日本文化と芸術の発信を試みていたのである。

そして、秦の思い描く「美人劇場」の中心に据えられていた人物こそ、主演女優の越路吹雪であり、「西欧的豪華とお茶づけ的哀愁」といった相反するものを備え、帝劇ミュージカルスでの「半西洋、半日本の、文明開化的牛ナベ的モダニズムの役柄」にぴったりとはまっていた彼女の存在もまた、秦の帝劇ミュージカルスの独自性を決定づける重要な要因として機能していたのである。

◉秦、逝く

一九五六年七月五日、秦は胃癌のために六十四歳でその生涯を閉じる。秦の最後の作品となったのは、一九五五年に東京宝塚劇場で上演された東宝歌舞伎十一月公演『お軽と勘平』であった。これは帝劇ミュージカルス第三回公演『お軽と勘平』の改良版であり、秦は自ら脚本を改め、主演は帝劇ミュージカルス版と同様、越路と榎本健一が務めている。この公演は、帝国劇場が映画上映館となったために行き場を失った帝劇ミュージカルスの、実質的な最終公演とも考えられる[60]。こののち、秦に代わって国産ミュージカル制作のバトンを受け継いだのは、奇しくも『モルガンお雪』で脚本家降板の憂き目を見た菊田一夫だった。劇作家である菊田は、秦とは対照的に芝居の要素を重視し、日本はブロードウェイからミュージカル脚本を輸入する時代へと移り変わっていく。

註

（1）帝劇ミュージカルスの公演は一九五四年の第八回公演まで続いた。
（2）三島由紀夫「現代女優論――越路吹雪」『朝日新聞』一九六一年七月十五日朝刊、六面。
（3）秦豊吉『劇場二十年』朝日新聞社、一九五五年、一九七頁。
（4）秦『日劇ショウより帝劇ミュージカルスまで――私の演劇資料第五冊』秦豊吉先生を偲ぶ会、一九五八年、十六頁。
（5）同右。
（6）秦『日劇ショウより帝劇ミュージカルスまで――私の演劇資料第五冊』十六―十七頁。
（7）同右、十八頁。
（8）同右。
（9）日劇ダンシングチームは、アメリカのラジオシティ・ミュージックホールのダンサーたちをモデルにして、一九三五年に秦が自ら組織した舞踊集団である。
（10）秦『劇場二十年』一九六頁。
（11）同右、一九七頁。
（12）古川ロッパ『古川ロッパ昭和日記――戦後篇』晶文社、一九八八年、六九七頁。
（13）「話の巷」『読売新聞』一九五一年二月九日夕刊、三面。
（14）古川、六八三頁。
（15）秦『劇場二十年』二〇一頁。
（16）同右。
（17）当時の宝塚歌劇団はスターの映画界流出に頭を悩ませており、妥協案として外部作品への出演を一部許容していた。越路も『モルガンお雪』の前年に外部映画への初出演を果している。
(18)「ブギウギ巴里」『越路吹雪　若き日の歌声～愛の讃歌～』日本コロムビア、二〇一八年、参照。
(19)島野盛郎『夢の中に君がいる――越路吹雪物語』白水社、一九八八年、五十四頁。
(20)安倍寧「回想の越路吹雪――旧帝劇・ヤマハの頃」『テアトロ』四五五号、カモミール社、一九八一年、九十二頁。
(21)同右。
(22)『モルガンお雪』公演プログラム、帝国劇場、一九五一年、十二頁。
(23)「人気の焦点をつく　越路吹雪　国際性ある色気」『読売新聞』一九五一年十月三十日朝刊、二面。
(24)戸板康二「僕の演劇人素描―H―越路吹雪」『演劇界』第十一巻第五号、演劇出版社、一九五三年一月、六十三頁。
(25)同右。
(26)同右、六十二頁。
(27)三島、六頁。
(28)秦『劇場二十年』二〇三―二〇四頁。
(29)「『モルガンお雪』広告」『読売新聞』一九五一年二月十七日夕刊、一面。
(30)秦『劇場二十年』一七六頁。
(31)同右、一八二頁。
(32)同右、一八三頁。
(33)同右、一八四―八五頁。
(34)秦『日劇ショウより帝劇ミュージカルスまで――私の演劇資料第五冊』一四六頁。

(35) 同右。

(36) 京谷啓徳「秦豊吉と額縁ショウ」中野正昭編、神山彰監修、『ステージ・ショウの時代　近代日本演劇の記憶と文化3』森話社、二〇一五年、二三三頁、参照。京谷は、秦が額縁ショーの題材にした岡田三郎助の絵画《海辺裸婦》を取り上げ、「秦が日本人女性一般として美しからずと考えた下半身を布で覆った岡田の作品は、額縁ショウには最適のものだった」と述べている。

(37) 秦『劇場二十年』一七六頁。

(38) 同右、一八一頁。

(39) 同右、一七七―七九頁。

(40) 同右、一八〇頁。

(41) 「帝劇の舞台にストリップ――明春、異色の『モルガンお雪』公演」『読売新聞』一九五〇年十一月二十八日朝刊、四面。

(42) 「恥ずかしさより寒さに閉口」『読売新聞』一九五一年一月二十五日夕刊、二面。

(43) 古川、六七六頁。

(44) 秦『演劇スポットライト』朋文堂、一九五五年、一〇三頁。

(45) 古川、六八一頁。

(46) 同右。

(47) 秦「帝劇を美人劇場へ」『モルガンお雪』公演プログラム、二十一頁。

(48) 同右。

(49) 同右。

(50) 「筋書と配役」『モルガンお雪』公演プログラム、十―十二頁、参照。劇中、日劇ダンシングチームの女性ダンサーによるラインダンスや日舞が披露された他、レビュー・シーンではダンサーに混じってストリップ女優たちが裸体を披露している。中には「額縁ショー」を彷彿とさせる場面も登場した他、公演プログラムには、人気ストリップ女優四人のニップレス姿のグラビアが四ページにわたって掲載されている。

(51) 秦『演劇スポットライト』九十頁。

(52) 同右、九十二頁。

(53) 古川、六九七頁。

(54) 秦『劇場二十年』一九七頁。

(55) 秦『日劇ショウより帝劇ミュージカルスまで——私の演劇資料第五冊』一二二頁。

(56) 小林一三「啓蒙藝術の話」『歌劇』八十二巻、歌劇発行所、一九二七年、四頁。

(57) 秦は一九四一年から、「東宝国民劇」と銘打って音楽劇を八作品プロデュースしたことがあるが、戦争のために中断を余儀なくされている。

(58) 秦『日劇ショウより帝劇ミュージカルスまで——私の演劇資料第五冊』一二二頁。

(59) 秦「ミュージカルの批評」『美人ホテル』公演プログラム、帝国劇場、一九五二年、十四頁。

(60) 秦『日劇ショウより帝劇ミュージカルスまで——私の演劇資料第五冊』一三二頁、参照。秦は東宝歌舞伎十一月公演『お軽と勘平』の後の上演も既に計画しており、本書には、秦の死によって未上演に終わった帝劇ミュージカルスの上演計画が記されるなど、志半ばでの急逝であったことが伺える。

第2章

「本もののミュージカル」を日本に
——菊田一夫とブロードウェイ・ミュージカル『マイ・フェア・レディ』

1 ブロードウェイ・ミュージカルを輸入する

一九六三年九月一日、日本初の海外ミュージカル輸入となった、ブロードウェイ・ミュージカル『マイ・フェア・レディ』(*My Fair Lady*、一九五六年ブロードウェイ初演)が、東京宝塚劇場で幕を開けた。ブロードウェイから招いたダンサーたちをアンサンブルとして出演させるなど、新たな試みに溢れた本公演は、『毎日新聞』の演劇評で「〝本場〟をみごとに再現」と称され、日本の観客に好意的に

迎えられている。(1)

ミュージカル『マイ・フェア・レディ』の日本輸入を決めたのは、当時、東宝の専務取締役を務めていた、脚本家兼演出家の菊田一夫である。第1章で扱った秦豊吉が病に倒れた後、菊田はその活動を引き継ぐかたちで、新たな国産ミュージカル・シリーズ「東宝ミュージカル」(一九五六年―)の制作に着手していたのだが、アメリカ産のミュージカル映画が日本で公開されるにつれ、国産ミュージカルと本場のミュージカルの違いを指摘する声が高まり、東宝ミュージカルは早々に頓挫してしまう。

そこで菊田は、ブロードウェイで約六年間のロングランを達成し、イギリスの劇作家ジョージ・バーナード・ショー(George Bernard Shaw)の戯曲『ピグマリオン』(*Pygmalion*)を原作とする、ミュージカル『マイ・フェア・レディ』を上演することで、本場ブロードウェイから直接ミュージカルを輸入しようと決意する。こうした経緯について、菊田自身は次のように語っている。

逆にいうと、ミュージカルならざるミュージカルを、ミュージカルと称して提供したことが、かえって本当のミュージカルを要望する機運を急速に盛り上げたといえないこともない。歌入りアチャラカとは根本的に異なる本もののミュージカルを要望する声が高まってくるにつれ、僕も考えざる得なくなった。(2)

ここで菊田は、自身が制作した国産ミュージカルを、「ミュージカルならざるミュージカル」、「歌入りアチャラカ」と呼び、対するブロードウェイ・ミュージカルを「本もののミュージカル」と称している。つまり菊田は、『マイ・フェア・レディ』の輸入上演こそが、これまでの誤った日本のミュージカルを改める手段となると考えていたのだ。

ところが、菊田が上演したミュージカル『マイ・フェア・レディ』は、脚本と音楽以外を日本人のスタッフによって新たに作り直した、ノンレプリカ形式のものであり、ブロードウェイ版とは大きく異なる作品となった。

2 「本もののミュージカル」の条件

◉「本もののミュージカル」を巡る争い

一九六二年七月、演劇視察のためブロードウェイを訪れた菊田は、そこでミュージカル『マイ・フェア・レディ』を観劇している。のちに菊田は、この時は途中で居眠りをしてしまったと告白しつつも、「これを日本語に直してやれば、おもしろい上品な正統派ミュージカルとなるのではあるまいか。今後の日本のミュージカルを誤った道に進ませないためにも、日本でこれを……と、思った」と述べている(3)。

菊田が演劇視察から帰国して間もない十一月十九日の新聞には、東宝がミュージカル『マイ・フェア・レディ』の翻訳上演を計画していることが、菊田自身の言葉を交えて紹介されている。[4] しかし、『マイ・フェア・レディ』の上演権獲得を目指していたのは、菊田だけではなかった。その噂を聞きつけた菊田は、十二月十九日の『朝日新聞』に「小さな出来事」と題した記事を掲載させ、怒りを露わにしている。

先日私が欧米旅行から帰ってきて、アメリカ・ミュージカル「マイ・フェア・レディ」上演の計画を新聞に発表したところ、それから一週間もたたないうちに、同作品の上演権保管者の元に、いま東京において建築中の某劇場の使者が（多分親会社の出先機関を通じてでしょう）「東宝より高い値で買うから」と言って上演権をとりにおいでになったようです。私が新聞に発表したのは「マイ・フェア・レディ」を上演して、日本のミュージカルを少しでも早く発達させよう、という私のアイディアの発表なのです。知らせをきいて私は悲しくなりました。[5]

菊田の言う「建設中の某劇場」とは、東宝の主要劇場である東京宝塚劇場のすぐ裏手に建設された、日生劇場のことを指している。日本生命創業七十周年を記念して一九六三年十月に開場した日生劇場は、作家であり、のちに東京都知事となる石原慎太郎を企画担当重役に、劇団四季の創始者の一人である浅利慶太を制作営業担当重役に迎えるなど、当時の東宝にとって強力なライバル会社の一つだった。菊田の新聞を通した抗議は、目障りな競合相手への牽制でもあったのだ。

これに対し、日生劇場側も反撃を試みている。十二月二十七日の『朝日新聞』には、石原慎太郎による、「本ものための努力」と題された、次のような反論が掲載された。

氏は「マイ・フェア・レディ」の翻訳上演とブロードウェーのキャスト・スタッフを呼んでの完全上演を混同している。「東宝より高い値」うんぬんと言われるが、完全上演のための費用が高いのは当たり前である。売り手のCBSとしては、東宝ミュージカルの評価を考え合わせ、芸術的効果等からいっても、当然完全上演を優遇すると思う。（中略）

新しい本ものミュージカルへの志向が、その第一歩として、世に誤って伝えられたミュージカルの安手な概念をとりこわし変えていくために、我々は苦労して「マイ・フェア・レディ」の完全上演を図っているのだ。

それが果せられれば、観客も、日本のミュージカル・タレントも、今まで与えられていたものとは違って、本ものとしていかなるものがあるかを知ることが出来るだろう。(6)

ここで石原が訴えたのは、菊田が計画しているミュージカル『マイ・フェア・レディ』の翻訳上演と、日生劇場が計画しているブロードウェイのキャスト・スタッフを呼びよせた「完全上演」とは全くの別物である、ということだった。そして、これまで東宝が制作してきた国産ミュージカルによって、

「世に誤って伝えられたミュージカルの安手な概念」を取り壊し変えていくためには、「完全上演」、すなわち招聘公演をする他はなく、それでこそ「本もの」となり得るのだと主張したのである。

◉「お芝居的作品」を目指して

ブロードウェイでの上演と同様に、ブロードウェイのスタッフによって制作され、ブロードウェイの俳優によって英語で演じられてこそ、「本もの」と呼び得るミュージカルだと主張した石原とは対照的に、菊田は日本のスタッフによってブロードウェイ・ミュージカルを作り直し、日本の俳優によって日本語で上演することを目指し、それを「本もののミュージカル」と呼んだ。ミュージカル『マイ・フェア・レディ』の日本上演が『毎日新聞』の主催する毎日芸術賞を受賞した際、菊田は次のように語っている。

もちろんこれは私一人の功績ではない。倉橋健氏の翻訳台本が面白かったことが第一だ。そして伊藤熹朔氏の装置をはじめ音楽、歌詞、振付、衣装、みんなが異常な努力をかたむけた。ともに分けあうべき喜びである。作品の上演効果については、細かいところに種種の批評があり、外国上演のとおりでないという批判もあったが、私が、原著作権保有者から買ったのは作品上演権と音楽演奏権だけなのである。舞台装置も衣装、デザインも、振付も、あちらの権利を買っていないから、向こうのままをやることはできない。あれは台本の指定にたよって日本人が創りあげた舞台なのである。著作権保管者からは、演出権は買わないのか、原上演スタッフの演出者を共同演出者として雇わなくてもわかるのか、と、念を押されたが、それに対して私は、私は立派な演出家のつもりだから、それはいらない、と断った。事実はもう予算がなかったのである。と同時に、日本人が見るには日本人流の演出がよい、と思ったのでもあった。(7)

菊田はここで、「予算がなかった」と言い訳しつつも、確信犯的にオリジナルのスタッフを退け、ミュージカル『マイ・フェア・レディ』に「日本人流の演出」を施したことを打ち明ける。つまり菊田は、あえて積極的にノンレプリカの上演形式を選び、それを「本もののミュージカル」と呼んでいたのだ。

では、菊田の考える「本もののミュージカル」の条件とは、一体何だったのか。それは、当時のブロードウェイで主流となっていた、「ミュージカル・プレイ」とも呼ばれる、脚本を中心としたミュージカルだった。

一九六二年に演劇視察のため数ヶ月かけて各国をめぐった菊田は、ヨーロッパ各国のどの音楽劇よりも、ブロードウェイのミュージカルが「一番活気がある」と述べ、ミュージカルという演劇芸術について、次のような見解を示している。(8)

ミュージカル・プレイとはどんなものでしょう。よく言われます。ミュージカルとは音楽が主で歌と踊りを母体にして、その中間を芝居でつないだものだ、と。……はじめは、たしかにそうだったようです。いまでも場末のミュージカル小舎へいくと、群舞のたくさんはいった、歌、踊りの芝居のはいった約十五年から二十年前の作品（ショウ・ボートの系列に属する）をやっております。しかし、いまブロード・ウェイで多くの客をひきつけているミュージカルは、根底にしっかりした骨格をふまえたドラマに、必要なだけの歌と極めて少ない踊りを交えたお芝居的作品なのです。(9)

菊田はミュージカルを「お芝居的作品」だと述べ、歌や踊りの要素よりも脚本が優先されるべきだと主張する。この主張は、脚本よりもショーの要素を重視した秦豊吉の国産ミュージカルとは全く異なるものであった。

かつて、帝劇ミュージカルス第一回公演『モルガンお雪』の脚本を秦によって大幅に改定された末に、降板させられるという憂き目にあっていた菊田は、ミュージカル『マイ・フェア・レディ』の輸入上演によって、脚本優先の「お芝居的作品」を日本に定着させようとしていたのである。これを裏づけるように、『マイ・フェア・レディ』の稽古中、菊田はこう宣言している。

せんだって「マイ・フェア・レディ」の本読みの時にも出演者諸君に話したのだが、今回は一言一句脚本どおりにやって、アドリブはもちろんのこと「ええ」だの「ああ」だのという脚本に書かれていないことは絶対にいわせない。必要なことは全部書いてあるし不必要なことは全部省いてあるはずだ。それだけの自信をもって、ぼくは毎日のけいこに立ち合っている。(10)

この言葉からは、日本のスタッフが作り直し、日本の俳優が日本語で演じるミュージカル『マイ・フェア・レディ』の公演を、菊田が、ブロードウェイで上演されているミュージカルと同様の「本もの」と見なしていた要因が、やはり脚本にあることが明らかになる。

アメリカ演劇を研究する常山菜穂子は、アメリカで生まれたミュージカルという演劇ジャンルは、「アメリカの観客が求める日常のテーマを日常の言葉と音楽で語る手法を採用」することでオペラやオペレッタとの差異を明確にし、アメリカ独自の演劇形態と成り得たと述べている。(11) 言い換えれば、ミュージカルという演劇形態の成立には、「アメリカ的であること」が必要不可欠とされていたのである。にもかかわらず、秦の帝劇ミュージカルスや菊田の東宝ミュージカルといった国産ミュージカルでは、「アメリカ的であること」の本質は全く欠落していたといえるだろう。これに対し、ブロードウェイからスタッフ・キャストを呼び寄せてこそ、「本もののミュージカル」と呼び得ると主張した、石原を擁する日生劇場は、一九六四年、アメリカの俳優がアメリカの言葉でアメリカの物語を演じる、ブロードウェイ・ミュージカル『ウエストサイド物語』（*West Side Story*、一九五七年初演）の招聘上演を実行する。石原は、この「アメリカ的であること」こそを、「本もののミュージカル」の条件にしていたのである。

しかし、菊田がブロードウェイ・ミュージカルの輸入上演で獲得しようとしていたのは、ミュージカルという演劇形態が内包していた「アメリカ的であること」ではなく、これまでの国産ミュージカルよりも脚本を重要視するという、脚本中心のミュージカルのあり方であった。つまり菊田は、「本もののミュージカル」の条件を、ブロードウェイ・ミュージカルの脚本優先の形式に見出しており、「一言一句脚本どおり」に上演しようとしたミュージカル『マイ・フェア・レディ』は、いくら演出やその他の要素が違おうとも、菊田にとっては「本もの」に違いなかったのである。

3　脚本優位のミュージカル

◉脚本家としての菊田一夫

菊田が脚本を優先したミュージカルの形式を日本へ輸入しようとした背景には、脚本家としての自身の経験が反映されている。

菊田の脚本家人生は浅草の軽演劇から始まった。もともと、詩人サトウハチローの門下生として詩作を学んでいた菊田は、一九三〇年にサトウが文芸部長を務める浅草観音劇場の「新カジノ・フォーリー」で脚本家としての第一歩を踏み出し、(12)アクロバティックな動きで観客を沸かせたエノケンこと榎本健一や、声帯模写、すなわち声マネを得意とした古川ロッパら喜劇俳優たちに「アチャラカ」と呼ばれる荒唐無稽なドタバタ喜劇の脚本を提供していた。一九三六年からは株式会社東京宝塚劇場に入社し、先に東宝入りしていた古川のために、『道修町』（一九四二年初演）や、『花咲く港』（一九四三年初演）などのヒット作を制作。戦後には、NHKで連続放送されて大ヒットした『鐘の鳴る丘』（一九四七〜一九五〇年放送）、『君の名は』（一九五二〜一九五四年放送）といったラジオドラマの脚本や、作曲家・古関裕而《こせきゆうじ》と組んで数多くの流行歌を作詞するなど、マルチな才能を発揮している。

一九五五年、東宝の創始者である小林一三に請われて同社の取締役（演劇担当役員）に就任した菊田は、小林から国産ミュージカルの制作を依頼され、一九五六年二月に東宝ミュージカル第一回公演である、『泣きべそ天女』、『恋すれど恋すれど物語』の二本立てを上演する。菊田が脚本・演出を務めた『恋すれど恋すれど物語』は、日本の江戸時代を舞台にしたドタバタコメディで、大掛かりな船のセットが登場するスペクタクルな演出が売りであった。しかし、東宝ミュージカルは不入りが続き、わずか二年ほどで制作そのものが打ち切られている。菊田はのちに、小林の勧めによって「ミュージカル」という名称を使ったものの、実際には浅草時代に書いていたような「アチャラカ」を東宝ミュージカルで制作するつもりだったと明かす。(13) そして、笑いを重視した東宝ミュージカルが、評論家たちから「こんなものがミュージカルである道理はない」との批判を浴びたことに対して、はじめから「ミュージカルをお見せしたつもりはなく、音楽入り大アチャラカを提供したつもりでいた」と反論する。(14)

この時期の菊田は、一九五七年に開場した芸術座で、「東宝現代劇」と「芸術座ミュージカル」を、同じく開場したばかりの新宿コマ劇場では、「新宿コマ・ミュージカル」と「コマ歌舞伎」をスタートさせ、さらに同時進行で宝塚歌劇にも上演脚本を書き下ろすという、多忙な日々を送っている。菊田は、この頃の国産ミュージカル制作について、「興行的にはどうもだんだんと芳しくなくなってきた。だから約一年半近くミュージカル公演をやらなかった」と述べ、東宝ミュージカルとは距離を置いていたと公言する。[15]

こうした言葉を裏づけるように、菊田は念願であったストレート・プレイ、すなわち、歌のない台詞劇の制作に傾倒し、脚本・演出を担当した『がめつい奴』（一九五九年初演）、『がしんたれ』（一九五九年初演）、『放浪記』（一九六一年初演）などのヒット作品を次々に発表していく。菊田に師事し、東宝で活躍した劇作家の小幡欣治は、かつては詩人を志し、人一倍言葉に敏感であった菊田が、「書いた科白が、殆ど無視されるアチャラカ芝居に次第に飽き足らなくなって、科白主体の中間演劇に移行して行くのは当然の成り行き」だと指摘している。[16] 菊田がブロードウェイ・ミュージカルを輸入することで、脚本重視の姿勢を日本に根づかせようとした背景には、彼の脚本家としてのプライドがあったのだった。

◉脚本に施された「日本化」

菊田は「根底にしっかりした骨格をふまえたドラマ」を「本もののミュージカル」の条件とした。

ここで注目したいのは、ブロードウェイ・ミュージカル『マイ・フェア・レディ』の脚本が英語から日本語へと翻訳される際、単なる言語の置き換えを越えた翻案、すなわち西洋文化を日本文化へと適用させるための「日本化」が施されていることだ。

ミュージカル『マイ・フェア・レディ』は、ロンドンの下町に住むコックニー訛りの花売り娘イライザが、言語学者のヒギンズ教授によって英語の発音を矯正され、上流階級の淑女にも引けを取らない女性へと変身する物語である。これに対し、日本上演ではイライザのコックニー訛りは東京の下町訛りに翻訳された。以下は、脚本の翻訳を担当した倉橋健の言葉である。

第一幕第五場で、ヒギンズ教授は明け方の三時までかかって、イライザの発音を直そうとしている。「スペインでは雨は主に広野に降る」というのが、なかなか言えない。「スペイン」は「スピーン」になり、「雨」は「アミャ」、「おもに」は「おンもに」、「広野に降る」は「シロノに降る」になってしまう。ところが何度もくり返しているうちに、ふとイライザは正確に発音する。びっくりしたヒギンズは思わず立ちあがり、「もう一度!」とさけぶ。(17)

この引用にあるとおり、イライザの「スペインでは雨は主に広野に降る」("The rain in Spain stays mainly in the plain")という有名な台詞は、日本では「スピーンではアミャはおンもにシロノに降る」となり、本来のコックニー訛りの代わりに、「ひ」が発音できずに「し」になってしまう江戸弁に翻訳される。この時、イライザは彼女の話す江戸弁によって、コックニー訛りのイギリス娘から、江戸っ子気質の「日本化」された娘へと変容を遂げることとなる。つまり菊田は、元の脚本とそれが示すイライザのキャラクター像をそのまま日本に移植することよりも、日本語に翻訳された脚本とそれが示す日本版のイライザのキャラクター像を再現することを優先しているのだ。こうした、日本ならではのイライザを作り上げようとする菊田の試みは、そのキャスティングにも顕著に現れている。というのも、『マイ・フェア・レディ』の日本初演で主役であるイライザ役を射止めたのは、並み居る美人女優たちの一人ではなく、庶民的な容姿で知られた歌手の江利チエミだったからだ。菊田は、イライザ役を務めた江利について、次のように記している。

「マイ・フェア・レディ」のイライザは江利チエミが一番適役である。フェア・レディとは美人のことではない。そして、しかも外国の美人は心にゆとりがあり、ユーモアを解するから、どんな道化たシグサもピタリと仕出かすが、日本の美人女優はおのれ自身を美人だと思い込むことに精一杯で、こわばって、何のゆとりもなくユーモラスでもなく、したがって、あのミュージカルの前半などには全然不向きなのである。外国では後半を主にして配役しているが、私は前半を的確に演技する江利チエミを選んだ。江利チエミが美人でないということでなく、江利チエミが庶民的で、心の美しい女性だという意味である。(18)

ブロードウェイでは、後半の淑女を主にして配役するところを、日本では前半の花売り娘を主にして配役したと、菊田は明かす。菊田がイライザ役に抜擢した江利は、美空ひばり、雪村いづみと共に「三人娘」と称された歌手であり、同時に、長谷川町子の同名漫画を映画化した『サザエさん』でサザエさんを演じ、コミカルな演技と飾り気のない魅力をみせた女優でもあった。ミュージカル『マイ・フェア・レディ』の上演以前、江利チエミ主演の第一回ミュージカル作品『スター誕生』（一九六一年）の作・演出を担当していた菊田は、彼女は「どの町にも、きっとどこかにいる、ほんとうの庶民」であり、「数少ないミュージカル役者の指折りの一人」と称している。[19] 現在の東京都台東区の出身であり、観客から広く庶民的なイメージをもたれていた江利をイライザに選んだ菊田の選択からは、彼にとっての「本もの」のイライザが、日本語に翻訳された脚本に従った、江戸っ子気質の庶民的なイライザだったことがうかがえる。

こうした「日本化」は、ミュージカル『マイ・フェア・レディ』の幕切れにも表れている。倉橋は、日本初演の幕が開いた直後に出かけたヨーロッパ旅行で、ドイツ語と英語で上演された『マイ・フェア・レディ』をそれぞれ観劇し、「幕切れはこちらでも、ロマンティックなハッピー・エンディングでした」と振り返りつつ、稽古での菊田とのやり取りを明かす。

これは稽古のとき、イライザがあまりすなおにヒギンズと結婚する気になって、彼のもとに帰ってきたのでは、センチメンタルでしめっぽくなっておもしろくない、という意見をぼくが出したからである。もちろん、このミュージカルでは、台本作者のアラン・ジェイ・ラーナーがいっているように、イライザはフレディではなく、ヒギンズとむすばれていいわけなのだが、おなじもどってくるにしも《ママ》ても、「このひとったら、相変わらずのお坊っちゃんね、いつになったら目がさめるのかしら」というように、余裕をもって幕切れの、

イライザ　顔も手も洗ってきたんですよ、ちゃんと、くる前に。
ヒギンズ　いったい、ぼくのスリッパはどこにあるんだ。イライザ？

というシーンを演じたら、どうだろうかというのだった。初演のときの演出補の東郷静男氏も、外国ではもうちょっとドライにやるでしょう、と賛成してくれたが、菊田さんは、いや、日本ではあれでいいんだよ、とこれは取りあげてくれなかった。[20]

倉橋は、菊田への手紙に「それでも、ちょっとしめりすぎます」とつけ加えており、菊田の演出したミュージカル『マイ・フェア・レディ』の幕切れが、やはり海外での公演と比べると、過分にセンチメンタルなものだったと述べる。

それでも菊田は、海外よりもセンチメンタルでしめっぽい幕切れこそ、日本の観客に受けるのだと考えており、ここにも菊田によるブロードウェイ・ミュージカルの「日本化」が見て取れる。日

本演劇を研究する神山彰は、菊田のミュージカルは東宝ミュージカルの頃から「どうしても郷愁と結ぶウエットな心性に結びつくところがあった」とし[21]、ブロードウェイ・ミュージカルの輸入は、「郷愁とそこからの脱却の二重装置の意味を担った」と指摘する[22]。つまり、菊田は自身が書いた過去の作品から離脱しようとブロードウェイ・ミュージカルの輸入を開始するのだが、その上演にも、菊田脚本の特徴である郷愁が滲み出ていたというのである。さらに神山は、菊田がミュージカル『マイ・フェア・レディ』に続いて次々と上演したブロードウェイ・ミュージカルについても、「日本的情感を湛えたウエットな『ブロードウェイ・ミュージカル』を実現した」と結論づけている[23]。

菊田はコックニー訛りから東京の下町訛りへの変更や、日本人の情感に訴える幕切れへの変更によって、ブロードウェイ・ミュージカルの脚本を「日本化」する。そして、「日本化」された脚本に従ったキャスティングをすることで、脚本優位の姿勢を貫く。つまり、菊田が日本初の海外ミュージカル輸入で成し遂げようとしていたのは、本場ブロードウェイで書かれた脚本自体を日本へ受容することではなく、本場ブロードウェイで行なわれていた、音楽や踊りといったショーの要素よりも脚本を優先するミュージカル制作のあり方、そのものだったのである。

4 日本版『マイ・フェア・レディ』の俳優たち

◉統合ミュージカルと歌の役割

菊田は、当時ブロードウェイで観客をひきつけていたミュージカルは、「根底にしっかりした骨格をふまえたドラマに、必要なだけの歌と極めて少ない踊りを交えたお芝居的作品」だと述べていた。実際、当時のブロードウェイで制作されていた多くのミュージカルは、「一つのショーを構成する要素――プロット（物語の筋）、人物（登場人物）、歌、ダンス（踊り）、オーケストレーション（編曲）、装置――は、渾然一体でなければならない」とする、[24]「統合ミュージカル」（integrated musical）と呼ばれるものであった。統合ミュージカルは、作曲家のリチャード・ロジャース（Richard Charles Rodgers）と作詞家のオスカー・ハマースタインⅡ世（Oscar Greeley Clendenning Hammerstein II）によって提唱され、一九四三年にブロードウェイで上演が開始されたミュージカル『オクラホマ！』（*Oklahoma!*）によって確立したとするのが一般的な見解である。[25]

統合ミュージカルの理論では、歌と踊りは台詞同様にプロットを展開させ、登場人物のキャラクター像を観客へと提示する大きな手段となる。一九五六年にブロードウェイでの初演を迎えたミュージカル『マイ・フェア・レディ』においても、歌は登場人物の心情やキャラクター像の提示という役割を果たしている。スコット・マクミリンは、著書『ドラマとしてのミュージカル』の中で、ミュージカル『マイ・フェア・レディ』では、貧しい花売り娘から上品な淑女へと変身を遂げる主人公のイライザが、伝統的な形式のナンバーを歌うことで、彼女が花売り娘の生活と淑女の生活のどちらの環境にも容易に馴染むことができる、「善良な娘」であることを表していると分析する。[26] これに対して、イライザを淑女へと変身させる言語学者ヒギンズ教授は、変わった形式のソロばかり歌う「癖のある自己中心的な人物」であり、終盤になってやっとスタンダードな形式を歌ったことは、彼がイライザとロマンティックなエンディングを迎えるために、女嫌いを克服し、イライザのような善良なキャラクターとなったことを示していると述べている。[27]

このように、ミュージカル・ナンバーはプロットを進行させるだけでなく、登場人物のキャラクター像をも象徴しているわけだが、ミュージカル・ナンバーにおける音域もまた、登場人物のキャラクター像を印象づける重要な要素といえる。特にオペラやオペレッタでは、「声種」と呼ばれる歌手の音域によって演じる役柄が細かく区別され、これが配役の基本となっている。同様にミュージカルでも、ミュージカル・ナンバーはそのキャラクターの性質に合わせたキーで制作される。岡本太助は、論文「ブロードウェイ・ミュージカルにおける人種とコミュニティ」の中で、ブロードウェイ・ミュージカル『ウエストサイド物語』で歌われる「トゥナイト」（"Tonight"）のマリアによる高音域や、ブロードウェイ・ミュージカル『コーラスライン』（*A Chorus Line*、一九七五年初演）で歌われる「アット・ザ・バレエ」（"At the Ballet"）のマギーによる高音域が、誰にでも歌えるものではなく、この役を演じるためには「何よりも音楽的能力が必要とされる」と指摘する。[28] そして、この音楽的能力の特別性によって、これらの役を演じる俳優は、「ミュージカルにとって交換可能な部品以上の存在であることを明確に示している」と結論づけている。[29] ミュージカル『マイ・フェア・レディ』で歌われるイライザのナンバーは、前半のコックニー訛りで歌われる「素敵じゃない」("Wouldn't It Be Lovely") や「今に見てろ」("Just You Wait") では音域が比較的低く、後半の訛りなしで歌われる「踊り明かそう」("I Could Have Danced All Night") や「私に見せて」("Show me") では音域が高くなっている。これについては、歌による音域の変化が花売り娘から淑女への成長と対応しているとの指摘もある。[30] このように、ミュージカル『マイ・フェア・レディ』において、歌は脚本に示されている登場人物のキャラクター像を補強し、ストーリーや演出にも影響を与える、重要な役割を果たしている。

ところが、ミュージカル『マイ・フェア・レディ』の日本初演では、イライザのミュージカル・ナンバーは全て、ソプラノからアルトのキーに移調されている。なんと菊田は、自身が決定したイライザのキャスティングのために、花売り娘から淑女への変化を表明するイライザの美しいソプラノの歌声を、喪失させてしまったのだ。

◉日本版『マイ・フェア・レディ』のキャスティング

• 失われたイライザのソプラノ

ブロードウェイ・ミュージカル『マイ・フェア・レディ』の主人公イライザは、物語前半はロンドンの貧民街に住む薄汚れた花売り娘だが、後半は上流階級に交じる上品な淑女になるという、変貌ぶりが見どころのキャラクターである。物語の前半と後半で対極なキャラクター像を併せもち、そのどちらにも馴染むイライザは、前述したように伝統的な形式によるナンバーが多く、ブロードウェイとウエストエンドでの初演では、美しいソプラノで知られ、のちにミュージカル映画『メリー・ポピンズ』（*Mary Poppins*、一九六四年公開）や『サウンド・オブ・ミュージック』（*The Sound of Music*、一九六五年公開）に主演したジュリー・アンドリュース（Julie Andrews）が演じている。

これに対し、菊田が日本のイライザに選んだ江利チエミは、ハスキーなアルトの歌声の持ち主であった。実は、菊田は当初、高いソプラノ・キーが求められるイライザ役に、歌手の雪村いづみを想定していたという。雪村は、菊田が脚本を書いた「アチャラカ」な国産ミュージカルに出演した経験があり、可憐な容姿とすらりとした体型でファッションモデルとしても高い評価を受けていた。美しいソプラノの歌声に、コメディの素質や容姿にも恵まれた雪村は、まさにイライザ役にうってつけの存在であっただろう。しかし、当時の雪村はアメリカで子育て中であり、菊田は多くの志願女優の中から、素朴な容姿とハスキーな歌声の持ち主である江利チエミを指名したのである。

雪村が声楽寄りの癖のない歌い方のソプラノであったのに対し、江利はこぶしを効かせた民謡やジャズを得意としたハスキーなアルトであった。そのため、日本初演版のミュージカル『マイ・フェア・レディ』では、本来ソプラノのキーで演奏されるイライザのナンバーは、江利に合わせてアルトのキーで演奏されることとなった。統合ミュージカルの理論に基づけば、ソプラノのイライザとアルトのイライザでは、そのキャラクター像は大きく異なるといえるだろう。だが、菊田はイライザというキャラクターのもつソプラノの歌声よりも、たとえアルトの歌声であろうと、江利自身のもつイメージと「日本化」された脚本に描かれている、江戸っ子気質のイライザ像との一致を優先したのである。

●歌のうまいヒギンズ教授

実は、ブロードウェイ版と異なる要素をもっていたのは、江利の演じるイライザだけではなかった。作品のもう一人の主役である言語学者のヒギンズもまた、日本独自のキャラクター像を作り出していたのである。『マイ・フェア・レディ』の日本初演でヒギンズを演じた高島忠夫《たかしまただお》は、当初ヒギンズ役に決定していた森繁久彌《もりしげひさや》が出演を辞退したことによる代役キャストだった。(32) 喜劇俳優で歌手の森繁は、元NHKアナウンサーという経歴の持ち主であり、イライザの下町訛りを矯正するヒギンズという役にぴったりの役者だった。対する高島は、歌のうまさとコメディのセンスには定評があったものの、もともとはイライザに思いを寄せる青年フレディを演じる予定の、関西訛りの残る若手俳優であった。ブロードウェイでの初演でヒギンズを務めたレックス・ハリソン（Rex Harrison）が、初めて同役を演じたのが四十八歳であったことを鑑みれば、当時三十三歳の高島は、かなり若いヒギンズだったことがわかる。

だが、意外なことに菊田は、かなり早い段階から高島のヒギンズ役について検討している。まだミュージカル『マイ・フェア・レディ』の日本上演が計画段階だった一九六二年の新聞で、菊田は、「[ヒギンズ]教授は山村聡なんかタイプとしてはいいのだが、歌えないので、高島忠夫を思いきってふけさして使ってみたい」と述べ、高島をヒギンズ役の候補の一人に入れている。(33) この時、菊田は高島の歌の上手さに着目しており、森繁も歌手として活躍していたことを考えると、どうやら本来歌唱力があまり必要とされていなかったヒギンズ役に、歌の得意な俳優を想定していた様子である。というのも、オリジナル・キャストのハリソンは歌が不得意であり、彼のナンバーはハリソンに合わせて台詞調な旋律で奏でられ、独特の一本調子で歌われていたからである。ヒギンズの歌が変わった形式のソロばかりであったことはすでに述べたが、ミュージカルらしからぬ歌い方をする彼の姿もまた、「癖のある自己中心的な人物」というヒギンズのキャラクター像を引き出す一因になっていたのだ。

日本初演を取材したアメリカの週刊誌『ニューズウィーク』は、高島のヒギンズはハリソンのイメージとは異なり、若くて陽気な印象だった報じており、(34) やはり年齢の違いが注目を集めている。この一方で、『ニューヨーク・タイムズ』は、高島の演じるヒギンズには、ハリソンの演じるヒギンズのような傲慢な態度がなく、お人好しすぎる印象があったと述べた上で、歌を自在に歌いこなす高島の姿が、ヒギンズをより強く支配的なキャラクターにしていたと指摘する。(35) 自慢の美声でナンバーを歌う高島のヒギンズが、歌の下手なヒギンズよりも支配的な印象を与えたことは興味深く、歌がキャラクター像の形成に与える影響の大きさを感じさせる。

・歌の下手なドゥーリトル

　あまりにも若いキャスティングといえば、イライザの父、アルフレッド・ドゥーリトルを演じた八波《はっぱ》むと志《し》にも触れておかなければならない。このドゥーリトル役についても、菊田は当初、八波ではなく榎本健一が演じることを想定していた。昭和の喜劇王としての輝かしいキャリアをもち、歌も得意とした榎本は、いい加減だが憎めない飄々としたドゥーリトルを演じるにはうってつけの俳優だっただろう。だが、榎本は難病に指定される特発性脱疽の再発により、一九六二年九月に右脚をそのつけ根から切断したばかりであり、とても舞台に出演できるような状況ではなかった。そこで菊田は、榎本と同じく浅草の軽演劇出身である喜劇役者の八波を、ドゥーリトル役に抜擢したのである。ブロードウェイでの初演と映画版でドゥーリトル役を務めたスタンリー・ホロウェイ（Stanley Holloway）が、初めて同役を演じたのが六十五歳。当初、菊田が想定していた榎本が五十八歳だったことを鑑みると、まだ三十六歳だった八波がいかに若いかがわかるだろう。

　また、八波は歌が得意ではなく、長く菊田の助手を務めていた演劇プロデューサーの古川清が、「八波むと志は実は音痴。テンポはちゃんと取れるのだが音程はまったくダメだった。よくぞあのドウリトルという役を演じたと思う」と振り返るほどであった。[36] それでも古川は、「キャスティングした菊田は正しい。ミュージカルはプレイだ、芝居だ。歌を綺麗に唄えればよいというものではない。ダンスが上手ければよいというものでもない。演技がちゃんとできなければ作品を壊してしまう」と述べ、菊田のキャスティングを支持している。[37] また、前述した『ニューヨーク・タイムズ』の記事には、八波むと志の芝居についての言及もあり、八波のドゥーリトルは「ドタバタ劇に近い大げさな演技」（a broad performance often verging on slapstick）をしていたが、それは明らかに観客を喜ばせており、日本の観客を最も笑わせていたと記されている。[38]

こうして、ミュージカル『マイ・フェア・レディ』の日本初演では、アルト・キーのイライザに続き、歌のうまいヒギンズと歌の下手なドゥーリトルが誕生することになったのである。菊田は、キャラクター像に合った歌の素養をもつ俳優よりも、翻訳された脚本に基づいたキャラクター像に合う芝居ができる俳優を選んだのであり、やはり脚本優位の結果であったといえるだろう。

5 菊田一夫の「夢」の行方

◉ブロードウェイ・ミュージカル輸入時代

脚本と音楽はオリジナルのブロードウェイ版を踏襲しつつも、実際には、江戸弁やウェットな日本人の情感に合わせて「日本化」した脚本と、ソプラノからアルトへ移調したイライザなど、様々な変容を遂げた菊田の日本版『マイ・フェア・レディ』は、日本の観客に熱狂をもって迎えられている。日本初演から一九九〇年の公演まで、ピッカリング大佐役として出演し続けた益田喜頓《ますだきいとん》は、初演の初日に観客から熱狂的な拍手が送られたこと、日を追うごとに観客の数が増え、遂には廊下にまで溢れた立ち見客で、「客席と廊下をしきるドアが締まらなくなった」ことを回顧する。[39] 開幕間もない『毎日新聞』に掲載された、「〝本場〟をみごとに再現」との見出しの記事は、「日本のミュージカル運動の礎石にしたいという悲願をこめた東宝の『マイ・フェア・レディ』公演はみごとに結実した」、「満員の観客は熱狂的な拍手を送り、劇的なカーテンコールがくりかえされている」と評価し、熱気溢れる劇場の様子を伝えている。[40]

ミュージカル『マイ・フェア・レディ』の上演成功を皮切りにして、菊田は、『ノー・ストリングス』(*No Strings*、一九六二年ブロードウェイ初演、一九六四年六月日本初演)、『努力しないで出世する方法』(*How to Succeed*、一九六一年ブロードウェイ初演、一九六四年七月日本初演)、『アニーよ銃をとれ』(*Annie Get Your Gun*、一九四六年ブロードウェイ初演、一九六四年十一月日本初演)、『サウンド・オブ・ミュージック』(*The Sound of Music*、一九五九年ブロードウェイ初演、一九六五年一月日本初演)、『王様と私』(*The King and I*、一九五一年ブロードウェイ初演、一九六五年四月日本初演)など、次々とブロードウェイ・ミュージカルの輸入を決行していく。

こうした一連の上演について菊田は、「あちらのミュージカルは、こんなものだという代表作をまず見せることに意義がある」とした上で、「輸入ばかりしてたんじゃ片手落ちだ」[41]と述べ、ブロードウェイ・ミュージカル輸入時代のその先に、国産ミュージカルの制作とその輸出という構想があることを明かしている。[42]

映画評論家の小藤田千栄子は、膨大な観劇体験をまとめた著書『ミュージカル・コレクション』において、ミュージカル『マイ・フェア・レディ』日本初演のカーテンコールに姿を現した菊田が、「東宝が〝マイ・フェア・レディ〟を上演したのは、いつか、すばらしい日本のミュージカルを上演するためです」と述べていたことを記録している(43)。一見性急に見える菊田のミュージカル輸入の系譜は、ある種網羅的にブロードウェイ・ミュージカルを輸入することで、日本に脚本中心のミュージカルを根づかせ、かつて否定された国産ミュージカルのリベンジを狙う、いわば復活の狼煙だったといえるだろう。脚本家である菊田が、他人の書いた作品をもってきて上演するだけで満足するはずもなく、いつか自身が書いたミュージカルを「本もの」として上演し、海外にも輸出することが、ブロードウェイ・ミュージカルの輸入の先に菊田が見据えていた、大きな「夢」だったのである。

◉国産ミュージカル輸出の野望と挫折

海外ミュージカルの輸入上演の傍ら、菊田は精力的に劇作を続け、一九六六年十一月、マーガレット・ミッチェルの同名小説を世界で初めて舞台化した、帝劇グランド・ロマン『風と共に去りぬ』第一部を上演する。会場は、同年九月に新装開場したばかりの帝国劇場であった。脚本と演出を担当した菊田は、映像や最新の舞台機構を駆使したスピードとスペクタクル、本物の馬に馬車を引かせる豪華絢爛な演出などで観客の度肝を抜き、公演は五ヶ月間のロングランを達成する。これに続き、翌年六月から上演された第二部は三ヶ月のロングランを達成。その勢いは収まらず、一九六八年一月からは第一部と第二部を合わせた総集編が上演された。そして、その公演期間中だった同年二月九日、菊田は日米合作によるミュージカル『スカーレット』の上演計画を発表したのだった。

一九七〇年一月に帝国劇場で世界初演された『風と共に去りぬ』のミュージカル化である『スカーレット』は、脚本は菊田、作詞・作曲はハロルド・ローム（Harold Rome）、演出・振付はジョー・レイトン（Joe Layton）が担当した、日米のスタッフによる合作ミュージカルである。公演プログラムに言葉を寄せた菊田は、その心中を感慨深げにこう語っている。

すでに開幕いたしましたドラマ版〝風と共に去りぬ〟の前後十ヵ月にわたる公演をも、この〝スカーレット〟製作のための期間だったとみるならば、この作品の準備期間は実に五ヵ年の長きにわたっております。

この初日を見て、製作関係者一同が

「とうとう幕があいたのだ」

と、喜びの声をあげる気持は、お客様方にも判っていただけるかと存知ます。(44)

念願の、自身の脚本によるミュージカルを書き上げた菊田は、その達成感を滲ませる。日本公演を無事に成功させた菊田は、意気揚々とミュージカル『スカーレット』の海外公演へと漕ぎ出し、一九七二年にウエストエンドで、一九七三年にロサンゼルスで海外カンパニーによる上演を果たす。

しかし、海外上演の評判は芳しいものではなく、さらにクレジットから自身の名前が消されるなどの冷遇にあった菊田は、傷心のまま病に伏せってしまう。

一九七三年三月二十五日、日本でのブロードウェイ・ミュージカルの普及に貢献した功績が認められ、東宝株式会社は第二十七回トニー賞受賞式において国際特別賞を受賞した。授賞式に参加した当時の東宝常務である雨宮恒之は、式に出られなかった菊田のため、記念のカップを持って病床を訪ねており、その際、慶應義塾大学病院のベッドの上に正座した菊田は、カップを受け取り涙を流していたという[45]。そのわずか一週間後の四月四日、菊田は六十五歳でその生涯を終える。だが、日本ミュージカルを世界に輸出したいという彼の夢は、まだ道半ばであったといえるだろう。日本におけるブロードウェイ・ミュージカル輸入の道筋を作り、結果はどうあれ、自らが書いた国産ミュージカルの輸出上演も果たした菊田の功績は、ミュージカルの本場であるアメリカからも評価を受ける、日本ミュージカル史の重要な転換点となったのである。

註

（1）高野正雄「〝本場〟をみごとに再現　東宝の『マイ・フェア・レディ』」『毎日新聞』一九六三年九月六日夕刊、六面。

（2）菊田一夫『菊田一夫――芝居つくり四十年』日本図書センター、一九九九年、二十一頁。

（3）「毎日芸術賞を受賞して」『毎日新聞』一九六四年一月九日夕刊、三面。
（4）「『マイ・フェア・レディー』を日本で上演——菊田のみやげ話」『毎日新聞』一九六二年十一月十九日夕刊、五面。
（5）菊田「小さな出来事——マイ・フェア・レディの問題」『朝日新聞』一九六二年十二月十九日朝刊、十一面。
（6）石原慎太郎「本もののための努力——菊田一夫氏に答える」『朝日新聞』一九六二年十二月二十七日朝刊、九面。
（7）菊田「毎日芸術賞を受賞して」。
（8）菊田『菊田一夫——芝居つくり四十年』十二頁。
（9）同右、十三頁。
（10）同右、二十三頁。
（11）常山菜穂子「ミュージカル誕生と十九世紀アメリカにおける文化の序列化」『演劇学論集　日本演劇学会紀要』五十一巻、二〇一〇年、四十五頁。
（12）井上理恵『菊田一夫の仕事——浅草・日比谷・宝塚』社会評論社、二〇一一年、二十一頁。
（13）菊田『菊田一夫——芝居つくり四十年』十九—二十頁。
（14）同右、二十一頁。
（15）同右。
（16）小幡欣治『評伝　菊田一夫』岩波書店、二〇〇八年、八十九頁。
（17）倉橋健『芝居をたのしむ』南雲堂、一九九三年、九十一頁。
（18）菊田「毎日芸術賞を受賞して」。
（19）菊田『菊田一夫——芝居つくり四十年』九十頁。
（20）倉橋「初演の頃のこと——菊田さんの思い出」ミュージカル『マイ・フェア・レディ』公演プログラム、東宝株式会社事業部出版課、一九七三年、三十三頁。

(21) 神山彰「東宝ミュージカルの『起源』──秦豊吉と菊田一夫」日比野啓編、神山彰監修『戦後ミュージカルの展開　近代日本演劇の記憶と文化6』森話社、二〇一七年、五十三頁。
(22) 同右、五十九頁。
(23) 同右、六十二頁。
(24) スコット・マクミリン『ドラマとしてのミュージカル──ミュージカルを支える原理と伝統的手法の研究：カーンからソンドハイムまで』有泉学宙訳、彩流社、二〇一五年、十六頁。
(25) 同右。
(26) 同右、七十九頁。
(27) 同右、七十九─八十二頁。
(28) 岡本太助「ブロードウェイ・ミュージカルにおける人種とコミュニティ」『英文学研究　支部統合号』第十三巻、日本英文学会、二〇二一年一月、二八四頁。
(29) 同右。
(30) 柏原美緒「ブロードウェイ・ミュージカル《マイ・フェア・レディ》に関する一考察──イライザの演唱を探る」聖徳大学大学院音楽文化研究家修士論文要旨、二〇〇八年、〈http://www.seitoku.jp/lib/shuron/shuron2008/m-07-1011.pdf〉
(31) 「マイ・フェア・レディ日本でも上演へ──〝ミュージカルの手本〟意欲的な菊田東宝重役」『読売新聞』一九六二年十一月二十六日夕刊、七面、参照。記事によれば、菊田がイライザ役の候補として名前を挙げているのは雪村いづみ一人である。また、「東宝ミュージカルの三十五年」を特集した『アサヒグラフ』一九九八年五月二十二日号（朝日新聞社）に掲載された雪村いづみについての解説には、「東宝ミュージカルのリーダーだった菊田一夫は、『マイ・フェア・レディ』のヒロイン役として、最初は、雪村いづみを考えたという。声域はぴったりである。だがそのころ彼女は、アメリカで子育ての真っ最中」とあり、そのために親友の江利チエミにイライザ役を譲ったと記されている（十七頁）。

（32）『読売新聞』の記事「東宝　秋の演劇攻勢」（一九六三年八月七日夕刊）には、九月に控えたミュージカル『マイ・フェア・レディ』の公演が紹介されているが、そこには「主役ははじめ森繁久彌の予定だったが、健康上の理由で森繁が辞退したために急に高島忠夫に代わ」ったと記されている（六面）。

（33）「マイ・フェア・レディ日本でも上演へ」参照。

（34）"'Eraiza' and Company," *Newsweek*, Vol. 62, No.12 (September 16, 1963), 47.

（35）Emerson Chapin, "'FAIR LADY' WINS TOKYO APPLAUSE," *The New York Times* (September 2, 1963), 19.

（36）古川清『舞台はやめられない』飛鳥新社、二〇〇五年、七十頁。

（37）同右。

（38）Chapin, 19.

（39）益田喜頓「五回目の出演」『マイ・フェア・レディ』一九七三年公演プログラム、四十三頁。

（40）高野、六頁。

（41）現代では不適切とされる表現だが、引用のためママとした。

（42）「ブロードウェイ・ミュージカルの路線を敷いた菊田一夫」『読売新聞』一九六四年七月二十一日夕刊、八面。

（43）小藤田千栄子『ミュージカル・コレクション――ブロードウェイ・ハリウッド・東京』講談社、一九八六年、十六頁。

（44）菊田「御挨拶」『スカーレット――風と共に去りぬ』公演プログラム、東宝株式会社事業部出版課、一九七〇年、二頁。

（45）雨宮恒之「ご挨拶にかえて」『マイ・フェア・レディ』一九七三年公演プログラム、十三頁。

第3章

かぶき者たちのブロードウェイ・ミュージカル
——浅利慶太の日本版演出

1　劇団四季とミュージカル

劇団四季は、日本の商業演劇を代表する劇団の一つである。新型コロナウイルス禍前の二〇一九年度の総上演回数は三〇〇〇回を超え、売上高は約二四二億九〇〇〇万円を記録している。[1] これは、同年度の東宝株式会社の演劇事業営業収入（約一七五億四七〇〇万円）[2]、宝塚歌劇団や梅田芸術劇場を運営する阪急阪神ホールディングス株式会社のステージ事業売上高（約三四四億円）[3]、松竹株式会社の演劇事業売上高（約二六五億五七〇〇万円）といった[4]、日本の老舗興行会社と比較しても、トップクラスの成績である。こうした成績を支えるのは、現在、劇団四季が興行の主軸としている、ディズニー・ミュージカル『ライオンキング』などの海外ミュージカルの輸入上演である。だが、劇団四季がもともとミュージカルとは無縁の新劇団体であったことは、ファン以外にはあまり知られていない。

一九五三年七月十四日、劇団四季はフランス革命と同日を選び、慶應義塾大学仏文科と東京大学仏文科の学生を中心に創設された。彼らは、慶應義塾高校の英語講師で劇作家でもある加藤道夫のもとに集まった演劇学生であり、その演劇的志向も、フランス演劇に傾倒する加藤の影響を強く受けていた。加藤は劇団の旗揚げ公演を観ることなく自ら命を絶ったが、劇団四季はしばらくの間、その遺志を継いだ上演を続けている[5]。

ところが、創設メンバーの一人であり演出を担当していた浅利慶太は、一九五五年、『三田文学』へ寄稿した「演劇の回復のために」の中で当時の新劇を批判し、次第に劇団四季は旧来の新劇との間に距離を置くようになる。また、一九六〇年には、フランス現代演劇のみだったレパートリーに、石原慎太郎や寺山修司ら若手日本人作家の創作劇を加えるなど、独自の路線を歩みだしていく。

それでもまだ、ストレートプレイの上演が中心だった劇団四季が、海外ミュージカルと急接近するきっかけとなったのが、日生劇場との繋がりだった。一九六三年九月に竣工した日生劇場で、制作営業担当重役に任ぜられた浅利は、こけら落とし公演である同年十月のベルリン・ドイツ・オペラの招聘公演や、一九六四年十一月から二ヶ月間上演されたブロードウェイ・ミュージカル『ウエストサイド物語』の招聘公演などの上演に携わっている。また、当時の日本生命社長であった弘世《ひろせ》現《げん》の、子どもたちの心に感動を与える舞台を、との求めに応じた浅利は、劇団四季の団員を出演させた日生名作劇場の制作を開始。一九六四年五月からは、寺山修司に脚本を依頼した、子どものためのミュージカル・プレイ『はだかの王様』を上演している。こうして、浅利と彼に率いられた劇団四季は、ミュージカル劇団としての活動を開始することとなる。

2 「ブロンディからサザエさんへ」

◉ブロードウェイ・ミュージカル『結婚物語』

浅利は、一九六九年一月に日生劇場で上演されたブロードウェイ・ミュージカル『結婚物語』（*I DO! I DO!*、一九六六年ブロードウェイ初演）のノンレプリカ公演によって、海外ミュージカルの日本版演出を初めて経験している。

ミュージカル『結婚物語』は、アメリカに暮らすある夫婦の新婚から老年までを描いたミュージカルであり、舞台上に登場するのは、作家である夫マイケルとその妻アグネスを演じる二人の役者だけで、場面も彼らの寝室のみ。物語は、二人が新居で結婚式の準備をする場面から始まっていく。

やがて彼らには息子が生まれ、娘が生まれるが、夫婦には離婚の危機も訪れる。様々な困難を乗り越え、子どもたちも独立してすっかり年を取った二人は、ついに長年住み続けたこの家を手放すことに決めるのだ。二人は新婚の時と同じように、ベッドに「神は愛なり」(God Is Love) と書かれた枕を置いて寝室を去り、舞台の幕は降りる。

一八九五年から一九四五年までの五十年間にわたる一組のアメリカ人夫婦の生活を描いたこのミュージカルを、日本で上演するにあたり、浅利は公演プログラムに掲載された対談の中でその心中を次のように語っている。

浅利　アメリカでは、アメリカ人の夫婦でアメリカ的にやっているわけだけれど、僕らは、日本人としてピンときたままに、日本的にやりたい。日本人のフィーリングでね。そうすれば、本来のテーマが表現できる。これほどうまく書かれていながらブロードウェイでみたときはそれほどうまいという気はしなかったんです。それは演出がまずいのか、こちらがアメリカ人じゃないからアメリカの夫婦生活の情緒がピンと来ないのかどちらかですね。だから、日生の舞台からうまいミュージカルだ、いい曲だ、面白かったというお客さまの評価が生まれれば、それは日本的アレンジが成功したということですね(7)。

ここで浅利は、ブロードウェイでオリジナル作品を観劇した際に自身が抱いた違和感について明かす。そして、この違和感が日本とアメリカの文化の違いによるものであり、ノンレプリカによって自身が演出し直す際には、「日本的アレンジ」を加える必要性があると述べている。

また、本公演で照明を担当した吉井澄雄は、ブロードウェイで上演されている『結婚物語』が描いているのは、アメリカの平均的な家庭生活であり、日本人の自分たちには「どこかピンと来ないところがある」として、「マイケルとアグネスのブロンディ的な情緒といったものよりも、我々に身近か《ママ》な、感動的な夫婦物語として、いかに見せるかということが、僕らに課せられた仕事」だと述べる[8]。ここで吉井は、浅利同様、日本での上演では日本的な夫婦物語に変える必要性があると説く。浅利や吉井の言う「日本的アレンジ」とは、すなわち、当時の日本の観客にも理解し共感できるように、作品を日本文化に沿って作り直すこと、つまり「日本化」による翻案を施すことを意味していた。

◉ブロードウェイ・ミュージカル『アプローズ』

一九七二年六月、浅利はミュージカル『結婚物語』に続き、自身二作目となるブロードウェイ・ミュージカル『アプローズ』（*Applause*、一九七〇年ブロードウェイ初演）を上演する。ノンレプリカによって上演されたこのミュージカルは、劇団四季が劇団として初めて取り組んだ海外ミュージカルでもあった。

映画『イヴの総て』（*All About Eve*、一九五〇年公開）のミュージカル化である『アプローズ』は、中年の大女優マーゴ・チャニングと、彼女を追い落そうとする新人女優イヴの物語である。イヴに裏切られて役を奪われ、スターダムから転落したマーゴは、最後にこれまでの生活では決して得られなかった恋人との穏やかな生活を手に入れる。

この公演でも日本版演出を務めた浅利は、「日本化」の必要性、正当性を引き続き説いており、『アプローズ』の公演プログラムに掲載された、音楽評論家の安倍寧らとの対談においても、「演出家の場合は、ブロードウェイそのままやってもしようがない」と述べ、ノンレプリカの演出に必要なのは、「『ブロンディ』の感覚を『サザエさん』に置き直す操作」だと評している。[9] こうした浅利の言葉は、彼が「日本化」にこそ、海外ミュージカル輸入における日本人演出家の存在意義を見出していることを裏づける。さらに浅利は、一九七九年一月三日の『読売新聞』に掲載された座談会においても、ブロードウェイ・ミュージカルを「思い切って日本人の社会に合うように料理し直」す必要があるとし、「ブロンディじゃダメなんです、サザエさんにしないと」との見解を述べている。[10]

◉ブロンディとサザエさんの共通点

浅利が繰り返し使用したブロンディとサザエさんの喩えは、アメリカと日本でそれぞれ人気を博した漫画の女性主人公の対比である。漫画『ブロンディ』(*Blondie*)は、チック・ヤング(Chic Young)によって一九三〇年にアメリカで新聞連載を開始しており、主人公のブロンディはサラリーマンの夫と二人の子どもをもつ金髪の美女である。アメリカ中産階級の家庭生活を描いたこの漫画は、日本でも戦後間もない一九四六年六月から『週刊朝日』で、一九四九年一月からは『朝日新聞』の朝刊で連載が開始された。戦後日本のアメリカ受容を検討した安田常雄は、『ブロンディ』が当時の日本人に与えたアメリカのイメージとして、「物質的豊かさ」と「平等な家庭」を挙げており、ブロンディが電化製品を駆使して行なう合理化された家事と、夫のダグウッドが夜食に食べる「ダグウッド・サンドウィッチ」の巨大さは当時の日本人に衝撃を与えたと述べている[11]。また、「しっかりもので賢い妻のブロンディと、頼りないダグウッドの対照性」に注目した安田は、ここに描かれる家庭では「『対等』なコミュニケーションが可能であり、それは家庭のデモクラシーだと説かれることになる」とも述べている[12]。

一方、この『ブロンディ』と交代するかたちで、一九五一年四月から『朝日新聞』の朝刊で連載が始まったのが、長谷川町子による『サザエさん』だった。主人公のサザエさんはブロンディと同じくサラリーマンの夫と子どもをもつ専業主婦であり、家族と対等なコミュニケーションを取ろうとする。これについて、作田啓一らは著書『マンガの主人公』の中で、「ひかえめな女らしさを強調する戦前のモラルから解放された女性には、きわめて身近か《ママ》な存在」として描かれていることを指摘する[13]。

家族と対等なコミュニケーションを取ろうとし、民主主義的で力強い女性であるサザエさんには、アメリカ人女性ブロンディとその性質に共通点があるといえるだろう。つまり、ブロンディとサザエさんという浅利の喩えは、ブロードウェイ・ミュージカルのキャラクターたちの本質は損なわずに、彼らを日本人的情感を持ち合わせたキャラクターへと再構築することを意味していた。『戦後ミュージカルの展開』の中で日比野啓は、「ブロンディからサザエさんへ」という浅利の言葉を、「浅利のテーゼ」と称し[14]、「内容を日本人が理解できるようにする、すなわち観客が台詞なり設定なりを『実感』を持って受け止められるようにする、ということ」だったとみなし[15]、この「日本化」が当時の日本の観客のために施されたものであることを指摘する。

つまり、浅利にとっての「日本化」とは、日本でブロードウェイ・ミュージカルを観劇する日本人観客のために行なわれたものであり、それは同時に、ブロードウェイで生まれたミュージカルが、故郷から遠く離れた日本の地で、日本人演出家の手によって日本文化の中に適合され、さらに日本人観客の日本的な解釈によって再発見されたことを意味している。そして、日比野が言うような「実感」を観客に伝えるため、このとき浅利は、俳優自身がもつバックグラウンドをも、「日本化」に利用したのだった。

3　俳優重視の浅利演出

◉ミュージカル・スター越路吹雪との出会い

浅利の「ブロンディからサザエさんへ」というテーゼは、そのキャスティングからも読み取ることができる。劇団四季は『結婚物語』、『アプローズ』の輸入上演に続き、一九七三年五月からブロードウェイ・ミュージカル『メイム』（*Mame*、一九六六年ブロードウェイ初演）を、一九七四年六月からはブロードウェイ・ミュージカル『日曜日はダメよ！』（*Illya Darling*、一九六七年ブロードウェイ初演）を輸入上演するなど、ブロードウェイ・ミュージカルをノンレプリカ形式によって積極的に受容していく。そして、これらの公演全てに主演したのが、すでにミュージカル女優として確固たる地位を築いていた、女優の越路吹雪だった。

すでに第1章で検討してきたように、越路は三島由紀夫が、「西欧的豪華とお茶づけ的哀愁」といった相反する性質を「つきづきし」く備えていると称賛した女優であり、[16] 東宝の秦豊吉による国産ミュージカル・シリーズ「帝劇ミュージカルス」でも、数多く主演を務めてきた経歴の持ち主である。しかし、菊田一夫の君臨以後、越路は活躍の場に恵まれずにいたのだった。[17] そんな越路が、浅利演出との運命的な出会いを果たしたのは、一九六五年、日生劇場で開催された自身のソロ・リサイタルでのことだった。そして、一九六八年に越路はついに東宝を離れ、フリーでの活動を開始する。同年八月二十七日の『東京新聞』の記事「かげの声——越路吹雪よどこへゆく」では、越路が東宝を去ることが報じられており、その原因は「東宝演劇部が彼女を生かす企画を考慮しないのに不満」だったからだと記されている。[18] フリーとなった越路は、劇団四季に所属したわけではなかったのだが、浅利自身が「越路吹雪は私の手に移」ったと回想しているように、それは事実上の移籍を意味していた。[19]

越路というミュージカルに精通した女優を得たことは、その後の劇団四季が海外ミュージカルを輸入上演するための大きな足掛かりとなる。一九七一年十一月、越路のリサイタルに演劇的要素を加えて構成された、『越路吹雪ドラマチック・リサイタル《愛の讃歌　エディット・ピアフの生涯》』が日生劇場で上演された際、劇団四季の俳優たちはアンサンブルとして越路と同じ舞台に立っている。浅利とは慶應義塾大学在学中からの付き合いで、劇団四季の取締役も務めていた音楽評論家の安倍寧は、劇団四季がミュージカルの上演に乗り出した要因について、「類希なオーラの持ち主で、私自身、その圧倒的な魅力に心奪われていた越路吹雪を、彼女の〝同伴者〟とも言うべきマネージャーで作詞家の岩谷時子さんともども、浅利慶太に紹介した」ことを挙げているが[20]、新劇団から出発し、フランス現代劇と日本人若手作家の新作戯曲をメイン・レパートリーにしていた当時の劇団四季にとって、多くのミュージカルに出演してきた越路との共演は、結果的に劇団員たちのミュージカル俳優としての素養を磨くことにも繋がっていく[21]。

◉マーゴと越路の二重性

そもそも、劇団四季が初めて上演したブロードウェイ・ミュージカルである『アプローズ』は、越路を主演に据えることを前提として選出された作品だった。安倍は『アプローズ』の公演プログラムの中で、「ぼくは、コウちゃん中心でやれるものが何かないかと、しょっ中ブロードウェイを見ていたわけですが、一九七〇年の暮にこの『アプローズ』を見て、『これは絶対に越路吹雪だ』と思った。まさにドンピシャリであって、ぜひ日本でコウちゃん中心でやって貰いたいと思った」と述べ、コウちゃん、すなわち越路ありきの上演であったことを明かしている[22]。

ミュージカル『アプローズ』はブロードウェイ初演の際、トニー賞の最優秀作品賞や最優秀主演女優賞などを受賞したヒット作であり、主役のマーゴを演じていたのはハリウッドの大女優であるローレン・バコール（Lauren Bacall）だった。一九四四年にハンフリー・ボガード主演の『脱出』で映画デビューを飾り、以来、ハスキーな声と端正な顔立ちで人気を博してきた銀幕スターのバコール自身を、観客は大女優であるマーゴというキャラクターに重ねていたのである。ブロードウェイの舞台でバコールが体現した、俳優とキャラクターの二重性は、越路演じるマーゴにも共通しており、浅利は、越路のマーゴが「面白いのは、二重写しになるところ」だとし、役のマーゴなのかそれとも越路自身なのか混乱するような瞬間が、観客にも訪れるだろうと語っている[23]。

さらに浅利は、俳優同士の関係性を作品のキャラクターたちの関係性とリンクさせることで、キャスティングがもたらす効果をさらに引き出そうとする。ミュージカル『アプローズ』では、越路以外の配役を当時の日本ではまだ珍しかったオーディションによって劇団内外から広く募集し、決定したのだが、この際、マーゴを追い落とす新人女優イヴには、雪村いづみと江崎英子の二人が選出された[24]。特筆すべきは、越路を芸能界のお姉さんと慕い、プライベートでも親交の深かった雪村の起用であり、浅利は当時仕事が減少しつつあった雪村がこの舞台にかける「野望」について触れ、「それが彼女の演ずるイヴを通じてにじみ出て来るわけだから、そういうなまの迫力、面白さ

というのはやはり生かしたほうがいい」と述べている。(25)

また、雪村と江崎双方のイヴを観劇した評論家の小藤田千栄子は、二人の違いを次のように書き残している。

雪村いづみは好演だった。なぜ好演かというと、出てきただけで、すごい危険をふりまいたからである。私たちは舞台を見ながら心の中で叫んだものだ。「あっ、越路さんがあぶない！」それにくらべると江崎英子は、初々しくはあったけれど、危険な匂いは薄かった。(26)

小藤田が舞台上のマーゴを「越路さん」と呼んでいることからも、俳優自身とキャラクターの二重写しの関係性がうかがえる。また、小藤田はイヴの新人女優としての初々しさを表現した江崎よりも、マーゴを追い落とすほどの危険をふりまく、「野望」に満ちた雪村を評価している。つまり、劇団四季での上演では、ブロードウェイ・ミュージカル『アプローズ』が、遠いアメリカでの大女優と野心的な新人女優の物語ではなく、日本では知らぬ者はいないスターである越路と再起をかける後輩女優雪村の物語として、日本の観客たちに再解釈されているのだ。

実は、舞台外での俳優たちのプライベートな関係性が、舞台上のキャラクターたちの関係性に影響を与えるという演出は、ブロードウェイでの初演にも見られ、マーゴを演じたバコールは自伝『私一人』の中で、ブロードウェイでの開幕直前に、地方でのトライアウト公演でイヴ役を演じていた女優が降板させられていたことに触れている。この時、演出兼振付を担当したロン・フィールド（Ron Field）は、その理由について、バコールとイヴ役の女優の仲が良くなりすぎ、彼女がバコールにとって脅威ではなくなってしまったせいだ、と語ったことが明かされている。[27] マーゴにとってイヴは脅威でなければならず、その緊張感をプライベートの関係にも求めた演出家によって、イヴ役の女優は降板させられてしまったのだ。

◉スターシステムだった劇団四季のミュージカル

ブロードウェイの演出家同様、浅利は越路に火花を散らす雪村の心情をも、舞台の演出として利用した。のちに劇団四季は、「俳優は作品を輝かせるために存在する」と主張し、知名度の高いスター俳優をキャスティングするスターシステムを否定し、俳優よりも作品を優先する「作品主義」を掲げていくことになる。[28] しかし、新劇団からミュージカルの上演団体へと大きく運営方針を転換したばかりの劇団四季では、越路や雪村のようなミュージカル経験豊富な劇団外部の俳優を迎えることで、彼らスターに頼った舞台が上演され、さらには、観客が俳優自身のバックグラウンドを「見る」ことを前提にした作品制作が行なわれていたのである。

次頁の年表は、一九七二年から一九七九年までの間に、劇団四季で上演されたブロードウェイ・ミュージカルとその主演俳優を年ごとに表したものである。なお、◎をつけた主演俳優は、劇団四季外部の俳優である。

劇団四季による初期のブロードウェイ・ミュージカル受容

『劇団四季上演記録　2004』、早稲田大学文化資源データベースを参考に作成。

上演年	期間	タイトル	会場	主演俳優	備考
一九七二年	六月五日―七月一〇日	『アプローズ』	日生劇場	◎越路吹雪	劇団四季初のブロードウェイ・ミュージカル
一九七三年	二月三日―二八日	『アプローズ』	日生劇場	◎越路吹雪	
	三月一四日―一八日	『アプローズ』	中日劇場	◎越路吹雪	名古屋公演
	三月二〇日―二四日	『アプローズ』	フェスティバルホール	◎越路吹雪	大阪公演
	五月三一日―七月一日	『メイム』	日生劇場	◎越路吹雪 代役：◎雪村いづみ	越路骨折のため六月三日―七日休演。六月八日からは代役を立てて上演
	六月一九日―七月六日	『イエス・キリスト＝スーパースター』	サンプラザホール	鹿賀丈史	初の劇団員のみでのブロードウェイ・ミュージカル上演
一九七四年	二月五日―二五日	『ウェストサイド物語』	日生劇場	鹿賀丈史 ◎雪村いづみ	
	六月四日―二八日	『日曜日はダメよ！』	日生劇場	◎越路吹雪	
	七月一日―八月一〇日	『ウェストサイド物語』	全国公演	鹿賀丈史 ◎雪村いづみ	二二都市での地方公演

一九七四年	一〇月一六日—一二月一一日	『ウェストサイド物語』	全国公演	鹿賀丈史 ◎雪村いづみ	三九都市での地方公演
一九七五年	五月六日—二八日	『ヴェローナの恋人たち』	日生劇場	◎眞帆志ぶき	
	六月四日—二八日	『日曜日はダメよ！』	日生劇場	◎越路吹雪	
	七月九日—一三日	『日曜日はダメよ！』	中日劇場	◎越路吹雪	名古屋公演
	七月一五日—一九日	『日曜日はダメよ！』	フェスティバルホール	◎越路吹雪	大阪公演
	七月二三日—八月七日	『ヴェローナの恋人たち』	全国公演	◎眞帆志ぶき	一二都市での地方公演
	一〇月一九日—一二月九日	『ヴェローナの恋人たち』	全国公演	◎眞帆志ぶき	三七都市での地方公演
一九七六年	四月五日—一八日	『ジーザス・クライスト＝スーパースター』	日生劇場	鹿賀丈史	エルサレム版
	六月四日—二八日	『アプローズ』	日生劇場	◎越路吹雪	
	七月三日—一二日	『ジーザス・クライスト＝スーパースター』	日生劇場	鹿賀丈史	エルサレム版
	一〇月二一日—一二月六日	『ジーザス・クライスト＝スーパースター』	全国公演	鹿賀丈史	二九都市での地方公演、エルサレム版
一九七七年	一月五日—一九日	『ジーザス・クライスト＝スーパースター』	西武劇場	鹿賀丈史	エルサレム版
	三月五日—四月一〇日	『結婚物語』	日生劇場	◎越路吹雪	

一九七七年	九月二八日—一〇月一八日	『ウェストサイド物語』	日生劇場	鹿賀丈史 久野綾希子	
	一〇月二三日—一二月五日	『ウェストサイド物語』	全国公演	鹿賀丈史 久野綾希子	三〇都市での地方公演
	一〇月二六日—一二月二〇日	『ウェストサイド物語』	全国公演	鹿賀丈史 久野綾希子	三四都市での地方公演
一九七九年	一月六日—三〇日	『ジーザス・クライスト＝スーパースター』	サンシャイン劇場	鹿賀丈史	エルサレム版
	四月四日—二八日	『ウェストサイド物語』	日生劇場	鹿賀丈史 久野綾希子	
	六月二日—二八日	『リトル・ナイト・ミュージック』	日生劇場	◎越路吹雪	
	七月五日—二八日	『ジーザス・クライスト＝スーパースター』	日生劇場	鹿賀丈史	エルサレム版
	九月二四日—一〇月一七日	『コーラスライン』	日生劇場	羽永共子 浜畑賢吉ら	
	一〇月一九日—一二月二七日	『ジーザス・クライスト＝スーパースター』	全国公演	鹿賀丈史	四八都市での地方公演、エルサレム版

劇団四季のブロードウェイ・ミュージカル上演では、一九七五年頃までは、越路や雪村、宝塚歌劇出身の男役スターだった眞帆志ぶきなど、劇団外部の俳優を主演に据えた公演が主流だったことがわかる。それ以降は、一九七三年のブロードウェイ・ミュージカル『イエス・キリスト＝スーパー

スター』（現『ジーザス・クライスト＝スーパースター』、*Jesus Christ Superstar*、一九七一年ブロードウェイ初演）で主役のジーザスに抜擢され、劇団四季の看板俳優となった鹿賀丈史を主演とする公演が増加していく。

浅利はブロードウェイ・ミュージカルのノンレプリカ上演における日本版演出を、「『ブロンディ』の感覚を『サザエさん』に置き直す操作」だと語った。それはすなわち、ブロードウェイ版で描かれた本質は損なわずに、登場人物を日本人の観客にも伝わりやすい日本人的情感を持ち合わせたキャラクターへ変容させることを意味している。特に、劇団四季による初期のブロードウェイ・ミュージカル輸入では、こうした変容の手段として、俳優のスター性やバックグラウンドなど、俳優自身のイメージが積極的に利用され、スターシステムを否定する現在の劇団四季とは全く異なる作品が制作されていたのである。

4　ノンレプリカによる浅利演出の独自性

◉歌舞伎風『イエス・キリスト＝スーパースター』の衝撃

ブロードウェイ・ミュージカルの受容を開始したばかりの劇団四季では、越路吹雪などスター俳優を中心にしたスターシステムによって作品が上演されていたが、一九七六年頃から、その上演体制は劇団員中心へと切り替わっていく。そのきっかけとなったのが、一九七三年に上演された、ブロードウェイ・ミュージカル『イエス・キリスト=スーパースター』である。

この公演がとりわけ異色なものとなったのは、それまで「ブロンディからサザエさんへ」をテーゼに、キャラクターに日本人的情感を与えるといった内面的な「日本化」を実践してきた浅利が、この作品に限っては自身の独自性を大いに発揮した、オリジナルとは全く異なる日本版演出を作り上げたからだ。なんと浅利は、イエス・キリスト最期の七日間をロック・ミュージックで綴ったこのミュージカルに、隈取を思わせる白塗りの化粧や、笛に鼓といった和楽器の演奏、巨大な白い大八車を用いた舞台装置といった、歌舞伎風の演出を施したのである。

日本初のブロードウェイ・ミュージカル『マイ・フェア・レディ』の輸入上演以降、日本では、脚本、音楽以外は日本人スタッフによってつけ直すノンレプリカ形式での上演が主流となり、日本版演出による作品の「日本化」が行なわれてきた。しかし、これらの「日本化」は、アメリカ文化をいかにわかりやすく日本の観客に伝えるかが主体とされており、もともとのブロードウェイ・ミュージカルがもっていた装いを保ちつつ、その枠の中で登場人物の仕草や内面的な心情といった描写を変更するものに留まっていた。これに対し、浅利のミュージカル『イエス・キリスト=スーパースター』の演出は、まるでブロードウェイ・ミュージカルを日本の伝統芸能である歌舞伎の形式で作り直してしまうような、解体と再構築の作業となった。浅利によるこの大胆な演出について、安倍は「劇団四季のミュージカル作品のうち、オリジナルの舞台を越えもっとも独自の光芒を放っているもの」

だと賞賛する。[29]

浅利がブロードウェイ・ミュージカルに施した独創的な新演出は、これまでの日本ミュージカル界が抱えてきた、ブロードウェイのオリジナル作品こそが「本もの」だとする、従来の固定観念や風潮への抵抗を予感させる。浅利も上演に携わっていた一九六四年の日生劇場におけるブロードウェイ・ミュージカル『ウエストサイド物語』の招聘公演は、脚本や音楽、演出や美術といった要素だけでなく、スタッフや俳優もブロードウェイと同じでなければ「本もの」ではない、との主張によって実現され、当時、日生劇場の企画担当重役だった石原慎太郎は、これを「完全上演」と呼んでいる。[30]このように、それまでの国産ミュージカルへの反発として、ブロードウェイのオリジナル作品こそが「完全」であるとする本物志向が、その頃の日本では形成されていたのである。

従来のノンレプリカによる海外ミュージカル輸入も、この本物志向に応えるため、大幅な変更を加えることは意識的に避ける傾向にあったといえるだろう。言い換えれば、日本の演出家たちはこの本物志向に擬態しつつ、観客に気づかれないように「日本化」を施してきたのである。

ところが、浅利はこの「日本化」をことさら強調するという手段を選んだ。いまだ日本での本物志向が根強いシェイクスピアの受容について研究する芦津かおりは、演出家・出口典雄と翻訳家・小田島雄志によるシェイクスピア全作品上演プロジェクト（一九七五～一九八一年）における「娯楽性の高い偶像破壊的」な新演出に、「日本人がそれまで囚われていた『本場のシェイクスピア』に対するコンプレックスからの解放」を見出すが、[31]それと同様に、浅利によるミュージカル『イエス・

キリスト＝スーパースター』の日本版新演出も、文化的ニュアンスだけでなく、その装いそのものまでも日本の様式に変えてしまうことで、本場ブロードウェイのミュージカルをできるだけそのままの形式で上演してこそ、その正当性が継承できるという考えから、距離を置こうとするのである。

◉新劇俳優のための日本版演出

浅利の新演出版『イエス・キリスト＝スーパースター』は、のちに『ジーザス・クライスト＝スーパースター』ジャポネスク・バージョンとして確立されており、一九九一年九月にロンドンで開催されたジャパン・フェスティバルに劇団四季が招聘された際には、ウエストエンドでの日本語上演も果たしている。すでに『ジーザス・クライスト＝スーパースター』が上演されていたイギリスに、日本独自の演出が持ち込まれたことは、「本もの」のコピー品や劣化版としてではなく、新たに生み出された翻案作品として日本版の演出が受け止められていたことを意味する。日本の観客のために施されてきた従来の「日本化」の域を超えて、独自の新演出を施した浅利のジャポネスク・バージョンは、海外ミュージカルの輸入上演における演出家のオリジナリティの発露として機能したのだった。

また、浅利の施した新演出には、演じる側への配慮という側面も見え隠れする。現代ミュージカルについて論じた鈴木国男は、ジャポネスク・バージョンに施された浅利の新演出には、「そのままの形で上演することへのためらい」が感じられると述べ、当時の「劇団四季が、現在のような本格的ミュージカル劇団ではなく、ようやくその一歩を踏み出そうとしていた」ことを指摘している。[32]というのも、ミュージカル『イエス・キリスト＝スーパースター』は、ミュージカル経験に富んだ外部俳優を排し、劇団四季が初めて団員のみで上演したブロードウェイ・ミュージカルだったからだ。つまり、『イエス・キリスト＝スーパースター』に出演していた団員たちは、ようやくミュージカル俳優としての第一歩を踏み出した段階であり、キリスト教の神話とロック・ミュージックという、日本では馴染みの薄い題材を扱うこの作品を、ブロードウェイの演出そのままに上演するだけのミュージカル俳優としての素養が、まだ備わってはいなかったのである。浅利自身は、劇団四季が創立から二十年が過ぎ、劇団としての力がついたこのタイミングで、「初心に立ちもどって」、「冒険を主にした仕事」がしたかったとし、「それにはこの作品は、難曲であるが故に、価値あるものと考えた」と、上演に踏み切った心境を語っている。[33]

俳優の素養に合わせた浅利の「日本化」は、『イエス・キリスト＝スーパースター』の三年後に上演されたミュージカル『ジーザス・クライスト＝スーパースター』のエルサレム・バージョンにも見て取ることができる。劇団員だけで上演された本公演は、イエス・キリストが生きたエルサレムの荒涼とした大地を再現した装置に、薄汚れた服を着た役者たちが躍動するといった、作品本来のストーリーにより忠実な演出が施された。

安倍によれば、オリジナル・スタッフであるアンドリュー・ロイド＝ウェバー（Andrew Lloyd Webber）とティム・ライス（Tim Rice）がこのエルサレム・バージョンを観劇し、「異口同音にかつてのトム・オホーガン演出のニューヨーク・プロダクション、ジム・シャーマン演出のロンドン・プロダクションなど足もとにもおよばない綿密にして豪胆なドラマ性と、それのもたらす深い感動があると手放しで賞賛」したという。[34]『イエス・キリスト＝スーパースター』の歌舞伎風演出に続き、浅利はエルサレム・バージョンでも既存の演出を脱し、浅利流の『ジーザス・クライスト＝スーパースター』を作り上げたのだった。制作者からブロードウェイ版にもウエストエンド版にも負けないとお墨つきをもらったこのエルサレム・バージョンは、一九八七年に同作のジャポネスク・バージョンが上演されるまで繰り返し再演され、劇団四季の主要な上演作品の一つになっている。

歌舞伎風の演出から正統派の演出へ変更するという浅利の大胆な挑戦は、劇団四季の俳優たちがそうした演出に耐えられるだけの素養を身につけ始めたという、自信に裏打ちされたものだと考えることができる。浅利は、ブロードウェイ・ミュージカルの輸入を開始した当時、「四季の俳優だけでヒットする作品を作りたいという願い」から、「ピュア四季」という言葉があったことを明かし、『ジーザス』ぐらいから、ようやくそれが実現しました」と振り返っている。[35]この言葉どおり、劇団四季ではエルサレム・バージョンの上演以降、越路ら外部の俳優に頼らない「ピュア四季」公演が主体となっていく。

一九八三年に西新宿の仮設劇場でウエストエンド・ミュージカル『キャッツ』（*Cats*、一九八一年ウエストエンド初演）のロングラン公演を成功させた際、浅利はこう語っている。

「キャッツ」の成果と聞かれれば、やはり人が育ったことでしょうか。社会的に「四季」が認められ、冒険をともにした若手も伸びてきました。ミュージカルの楽しさが全国に拡がったせいで、多くの人が、「四季」のオーディションに参加してくれました。[36]

ブロードウェイ・ミュージカルの輸入上演を開始した一九七〇年代前半は、越路やオープン・オーディションで得た外部俳優の力を借りざるを得なかった劇団四季が、一九七〇年代後半には劇団員中心のブロードウェイ・ミュージカル上演を確立させた。そして、ウエストエンド・ミュージカルの輸入上演を開始した一九八〇年代には、ミュージカル『キャッツ』のロングラン公演に耐え得るだけの人材の育成と確保に成功していたのだ。

外部のスター俳優を重用し、さらには演出家としての独自性を発揮しつつ俳優の育成を試みることで、急速にミュージカル劇団への移行を果した劇団四季は、今度はブロードウェイやウエストエンドで上演されているオリジナル版を、日本でほぼ忠実に再現しようとするレプリカ公演へと、再びその方針を転換していくこととなる。

5　レプリカ公演への移行と浅利演出の消失

◉劇団と観客の「国際化」

浅利と劇団四季にとって初めてのレプリカ公演となったのは、劇団創立三十五周年を迎えた一九八八年の四月に東京で開幕した、ウエストエンド・ミュージカル『オペラ座の怪人』（*The Phantom of the Opera*、一九八六年ウエストエンド初演、一九八八年ブロードウェイ版初演）であった。このレプリカ公演を実施するにあたって、ウエストエンドおよびブロードウェイ公演で演出を務めたハロルド・プリンス（Harold Prince）をはじめ、オリジナル版のスタッフ陣が日本へ呼び寄せられ、キャスト・オーディションや稽古に参加している。一方、これまでのノンレプリカ公演で日本版演出を一手に引き受けてきた浅利は、日本語台本と演出協力にまわっている。

開幕二ヶ月前の『テアトロ』には、「『オペラ座の怪人』をプロデュースする浅利慶太に聞く」と題したインタビュー記事が掲載されており、浅利はミュージカル『オペラ座の怪人』を本場と同じ演出で上演することの意義を、劇団四季のスタッフや俳優たちが、世界的に活躍する演出家やスタッフと共にミュージカル制作を経験することで、「国際化」することにあると語る。[37] そして、「もう欧化そのものが日本人の日常」になっているとし、[38] 現代の日本では、自身がかつて実践していた「ブロンディからサザエさんへ」といった「日本化」は、すでに不要だと指摘したのだった。浅利と劇団四季がブロードウェイ・ミュージカルの輸入に取り組み始めた頃、新劇出身の劇団員を出演させ、さらに西洋文化にもミュージカルにも今ほど馴染みのなかった日本の観客に向けた作品を作るためには、ノンレプリカによる「日本化」が必要不可欠であった。しかし浅利は、言語や俳優が現地のものとなる以外は、海外のオリジナル版を極力再現しようとするレプリカ公演の成功によって、劇団四季、そして日本の観客の「国際化」を証明しようとする。

一九六三年三月、浅利は演劇視察のために欧米諸国を外遊し、同行した石原慎太郎とニューヨークで合流した旧友の指揮者・小澤征爾《おざわせいじ》とともに、『サウンド・オブ・ミュージック』などの、当時ブロードウェイで話題のミュージカルを次々と観劇している。(39) ところが、浅利はブロードウェイ・ミュージカルのつまらなさに失望し、自身の演出、石原の脚本、小澤の音楽があれば、「ブロードウェイとくに恐るるに足らず」との実感をもったと述べ、自信をのぞかせる。(40) だが同時に、「演出のテンポが速いこと」と「踊り手たちの技量が日本の水準を抜いている」ことにも触れ、ブロードウェイの俳優やスタッフたちの技術の高さを称賛している。(41)

また浅利は、日生劇場でブロードウェイ・ミュージカル『ウエストサイド物語』の来日公演を経験した際のことを振り返り、ブロードウェイの俳優たちによる稽古場での気迫溢れるダンスに驚嘆し、(42) さらに初日の舞台での俳優たちの熱演についても、次のように書き残している。

いよいよ初日。すごい衝撃が客席を走った。激突するドラマ。その中に美しいミュージカルナンバー。圧倒的なダンスナンバー。踊っているのはダンサーだけではない。鍛えぬかれた俳優たちも、ダンサー以上の力を発揮している。それまでの日本の舞台のように、踊りの人は歌えない、歌の人は踊れない、セリフの人はなにも出来ない、というのとは全く違うのだ。観客だけではなくプロの間にもショックは拡がった。まさにこの瞬間を、劇団四季はミュージカル劇団としての出発点にしている。(43)

新劇団である劇団四季を率いていた浅利は、歌も踊りも演技もこなしてしまう、ブロードウェイの俳優たちの技術と熱気に衝撃を受けており、これをきっかけに劇団四季の団員へのダンスレッスンを開始したほどである。

この時から二十五年の歳月を経て、劇団四季が劇団員によるレプリカ公演を実現させたことは、俳優たちの技量が浅利の目指す水準へと達し、「国際化」を果たした証でもあったのだ。

◉消えた浅利演出の独自性

ウエストエンド・ミュージカル『オペラ座の怪人』の上演を皮切りに、劇団四季は海外ミュージカルのレプリカ公演を立て続けに上演し始める。レプリカによる上演は、日本の観客と俳優、そしてスタッフが、「日本化」などなくとも海外ミュージカルを観劇することができ、演じることができ、制作することができるのだという、日本の「国際化」を主張する行為だったのだが、それは同時に、浅利演出からの脱却も意味していた。

高額となるレプリカの上演料をカバーするため、利益率の良いロングラン上演に移行し、一つの役を不特定多数の俳優が交代で演じるようになったことも、ノンレプリカ時代のキャラクターに俳優自身を透かして見せるような旧来の浅利演出を遠ざけた。二〇一四年六月に浅利から劇団の代表を引き継いだ吉田智誉樹《よしだちよき》は、観客に見てほしいのは「〝俳優〟ではなく、あくまで〝作品〟」だと明言しつつ、俳優の入れ替わりを前提とするロングラン公演では、特定の俳優に合わせた作品制作が困難であることも打ち明ける。(44) そして、「作品の寿命は、俳優の寿命より長い」と述べ、改めて俳優に頼らない劇団の姿勢を強調している。(45)

二〇一八年七月十三日、浅利は八十五歳でこの世を去った。劇作家で評論家でもある山崎正和が、浅利の功績を「作品の中身は造れなくても、（略）それだけの人を食べさせて、十分芝居をさせて、それを経営し続ける幹部も育てた」ことだと表現するように、(46) 浅利演出から脱却したからこそ、劇団四季はカリスマ的な演出家を失ったのちも、これまでと変わらぬ経営が可能なのである。

だが、浅利慶太のミュージカル演出家としての神髄は、やはりブロードウェイ・ミュージカルのノンレプリカ公演で育まれてきた、俳優のバックグラウンドに沿った日本版演出にあったのではないだろうか。こうした俳優重視の浅利の演出には、「今日の四季の厳格さとは同列に論じられない勃興期のキャスティングの一例ととらえるべき」との意見もあるが、(47) 知名度と技術力をもつ外部のスター俳優をあえて起用し、彼らのイメージを利用した日本版演出や、ミュージカル経験の乏しい劇団員たちの新劇人としての素養を発揮させた、ブロードウェイ版から大きく離れた日本版演出にこそ、浅利演出の妙がある。
　演劇評論家の山本健一は、浅利がノンレプリカ形式によって海外ミュージカルを上演していた時期を、「『キャッツ』以前のブロードウエ《ママ》ーミュージカルのパイオニア的な上演」の時代と定めた。(48) 菊田一夫によるブロードウェイ・ミュージカル輸入を追いかけるかたちで始まった浅利と劇団四季のミュージカル上演が、パイオニアとの評価を受ける大きな要因は、浅利がノンレプリカの日本版演出で発揮した、独自性ゆえに他ならない。

註

（1）劇団四季「企業情報」『会社概要』〈https://www.shiki.jp/group/company/overview.html〉参照。

（2）『東宝株式会社　二〇二〇年二月期　決算短信〔日本基準〕（連結）』二〇二〇年四月十四日、三頁〈https://www.fse.or.jp/files/lis_tkj/20041496020.pdf〉

（3）阪急阪神ホールディングス株式会社『阪急阪神ホールディングスグループ二〇一九年度（二〇二〇年三月期）決算説明会資料』二〇二〇年五月十九日、十三頁〈https://www.hankyu-hanshin.co.jp/docs/b31d8f41076849b449ebac2ee339d527398a4382.pdf〉

（4）『松竹株式会社　２０２０年２月期　決算短信〔日本基準〕（連結）』二〇二〇年四月十四日、三頁〈https://www.shochiku.co.jp/wp-content/uploads/2020/04/20200414_02.pdf〉

（5）加藤道夫は一九五三年十二月二十二日、自宅書斎にて自殺。享年三十五歳であった。
（6）浅利慶太「演劇の回復のために」『三田文学』四十五巻十二月号、一九五五年十二月、十一—二十三頁。
（7）浅利慶太、内藤法美「芝居と音楽」『結婚物語』公演プログラム、日生劇場、一九六九年、二十一頁。
（8）金森馨、吉井澄雄「ミュージカルの舞台美術」『結婚物語』公演プログラム、二十二頁。
（9）浅利慶太・安倍寧・内藤法美・山田卓「座談会『アプローズ』をめぐって——ブロードウイのミュージカル・日本のミュージカル」『アプローズ』公演プログラム、日本ゼネラルアーツ・劇団四季、一九七三年、十四頁、参照。参照したプログラムは日本初演翌年の再演のプログラムだが、座談会の内容は初演のプログラムに掲載されたものと同一である。
（10）上月晃・森繁久彌・越路吹雪・浅利慶太「日本人向き手直し成功　楽しきかなミュージカル　失覚者大いに語る」『読売新聞』一九七九年一月三日朝刊、十七面。
（11）安田常雄「大衆文化のなかのアメリカ像——『ブロンディ』からTV映画への覚書」『アメリカ研究』三十七号、二〇〇三年、四—五頁。
（12）同右、六—七頁。
（13）作田啓一・多田道太郎・津金沢聡広『マンガの主人公』至誠堂、一九六五年、一三八頁。
（14）日比野啓「戦後ミュージカルの展開」日比野啓編、神山彰監修『戦後ミュージカルの展開　近代日本演劇の記憶と文化6』森話社、二〇一七年、二十七頁。
（15）同右、十五頁。
（16）三島由紀夫「現代女優論——越路吹雪」『朝日新聞』一九六一年七月十五日朝刊、六面。
（17）越路吹雪の菊田一夫演出のブロードウェイ・ミュージカルへの出演は、『王様と私』（*The King and I*、一九六五年日本初演）、『南太平洋』（*South Pacific*、一九六六年日本初演）、『屋根の上のバイオリン弾き』

（*Fiddler on the Roof*、一九六七年日本初演）の三作のみである。
(18)「かげの声——越路吹雪よどこへゆく」『東京新聞』一九六八年八月二十七日夕刊、五面。
(19)浅利は自著『時の光の中で——劇団四季主宰者の戦後史』（文藝春秋、二〇〇九年）において、「東宝演劇部の人たちは隣の劇場での成功を、ニガ虫を嚙みつぶしたような表情でみていた」と振り返り、「越路吹雪は私の手に移り、日生劇場で黄金時代を迎え」たのだと自負している（一四七―四八頁）。
(20)安倍寧『劇団四季MUSICALS——浅利慶太とロイド＝ウェバー』日之出出版、一九九六年、一九九頁。
(21)一九七四年から劇団四季の団員として越路の『ドラマチック・リサイタル』に出演した鹿賀丈史は、『劇団四季半世紀の軌跡——62人の証言』（劇団四季編、日之出出版、二〇〇三年）の中で、越路との出会いを「貴重な体験」と述べ、越路から多くのことを学んだと振り返っている（八十四頁）。
(22)浅利・安倍・内藤・山田、十三頁。
(23)同右、十五頁。
(24)この時の合格者には、のちに多くの輸入ミュージカルで翻訳を務めることとなる青井陽治、男性アイドルグループ「ジャニーズ」の元メンバーだった飯野おさみ、歌手・木の実ナナの姿もある。
(25)浅利・安倍・内藤・山田、十五頁。
(26)小藤田千栄子『ミュージカル・コレクション——ブロードウェイ・ハリウッド・東京』講談社、一九八六年、一八〇頁。
(27)ローレン・バコール『私一人』山田宏一訳、文藝春秋、一九八四年、五四一頁。
(28)劇団四季「劇団四季とは」『会社概要』〈https://www.shiki.jp/group/company/about.html〉
(29)安倍、四十四頁。
(30)石原慎太郎「本もののための努力——菊田一夫氏に答える」『朝日新聞』一九六二年十二月二十七日朝刊、

九面。
（31）芦津かおり「日本の『ハムレット』受容――その多様な変貌」熊本県立大学文学部『文彩』三号、二〇〇七年、十一頁。
（32）鈴木国男「2・5次元ミュージカル」日比野啓編、神山彰監修『戦後ミュージカルの展開　近代日本演劇の記憶と文化6』森話社、二〇一七年、三七三頁。
（33）浅利「三つの問いに答えて――『イエス・キリスト＝スーパースター』」『浅利慶太の四季　著述集2　劇場は我が恋人』慶応義塾大学出版会、一九九九年、二一二頁。なお、本インタビューの初出は『イエス・キリスト＝スーパースター』パンフレット、一九七三年六月。
（34）安倍、三十二頁。
（35）浅利「わたしの道」『読売新聞』一九九五年十月二十三日朝刊、十二面。
（36）浅利「一二〇万人が見た『キャッツ』」『文藝春秋』六十五巻十号、一九八七年、三六四頁。
（37）高田城「『オペラ座の怪人』をプロデュースする浅利慶太に聞く」『テアトロ』五四一号、カモミール社、一九八八年、一七六頁。
（38）同右、一七七頁。
（39）浅利『時の光の中で――劇団四季主宰者の戦後史』八十―八十一頁。
（40）浅利「ブロードウェイ恐るるにたらず――欧米の劇場をめぐって」『浅利慶太の四季　著述集3　伝統と現代のはざまで』慶応義塾大学出版会、一九九九年、三十五頁。なお、本記事の初出は『週刊朝日』一九六三年五月十七日。
（41）同右。
（42）浅利は著書『時の光の中で――劇団四季主宰者の戦後史』において、あまりに激しい稽古のせいで『ウエストサイド物語』来日公演初日の前日に女性ダンサーの一人が肋骨にヒビを入れる怪我を負ったが、演出家のジェローム・ロビンスはこれに動じることなく、「これでいいのだ。いいショーは怪我人が出る」と述べていたことを明かしている（九十─九十一頁）。

(43) 浅利『時の光の中で──劇団四季主宰者の戦後史』九十一頁。

(44)「創立65年、劇団四季が愛される秘密に迫る5つのキーワード」『NEWSポストセブン』二〇一八年三月十八日〈https://www.news-postseven.com/archives/20180318_660178.html/3〉

(45) 同右。

(46) 山崎正和「浅利慶太との歳月」『悲劇喜劇』第七十二巻第五号、早川書房、二〇一九年、五十一頁。

(47) 松崎、五十六頁。

(48) 山本健一「ビフォア・キャッツの時代──劇団四季の海外現代創作劇路線について」『悲劇喜劇』第七十二巻第五号、五十二頁。

第4章　動物たちの「カラーブラインド・キャスティング」——ジュリー・テイモアとミュージカル『ライオンキング』の人種表象

1　ブロードウェイの『ライオンキング』は日本と違う？

ノンレプリカからレプリカへと海外ミュージカルの上演形式を移行させた劇団四季は、現在、ブロードウェイに本拠地を置くディズニー・シアトリカル・プロダクションズが制作したディズニー・ミュージカルを、その興行の主軸に据えている。ディズニー・ミュージカルは、主にウォルト・ディズニー・カンパニーの長編アニメーション映画を舞台化したもので、劇団四季は一九九五年のミュージカル『美女と野獣』(*Beauty and the Beast*、一九九四年ブロードウェイ初演)の日本上演を皮切りに、これまで七作品を輸入上演している。中でも最大のヒット作となったのは、一九九八年にレプリカ形式による日本上演を開始したミュージカル『ライオンキング』(*The Lion King*、一九九七年ブロードウェイ初演)であり、劇団四季による通算公演回数が一万三〇〇〇回を超えた本作は、今や劇団の代名詞ともいえる作品に成長した。

ミュージカル『ライオンキング』の原作は、ディズニーの長編アニメーション映画『ライオン・キング』(一九九四年公開)であり、登場するキャラクターはサバンナに暮らす動物たちである。後述するように、アニメーション版には人種をめぐる支配的な思想がしばしば指摘されており、動物のキャラクターの裏には人間社会における人種問題が潜んでいる。つまり、アニメーション版における動物のキャラクターは人間としての人種をもっており、これがキャラクター像やストーリーに重要な影響を与えていたのである。

ミュージカル『ライオンキング』の演出家兼デザイナーを務めたジュリー・テイモア(Julie Taymor)は、動物でありながら人間でもあるという、アニメーション版のキャラクターたちの「人間と動物の皮肉な二重性」(this ironic duality of the human and the animal)を舞台上でも再現するため、[1]「ダブル・イヴェント」(the double event)という特殊な演出方法を編み出した。この演出は、俳優の身体と動物をかたどったマスクやパペットの双方によってキャラクターを体現し、俳優自身がマスクやパペットを操作するプロセスそのものも、観客の目の前で提示される。[2]たとえば、主人公である青年ライオンのシンバは、俳優の頭の上にライオンの口から上の部分を模したマスクが乗っており、俳優自身の顔や身体が隠されることはない。これによって、アニメーション版ではあくまでメタファーとして表れていたキャラクターの人種が、ミュージカル版では俳優のもつ肌の色によって、俳優の人種＝キャラクターの人種として、よりダイレクトに発信されることとなった。

俳優の人種によってキャラクターの人種が定義される「ダブル・イヴェント」の構造を利用して、テイモアはミュージカル『ライオンキング』に意識的にアフリカ系の非白人俳優をキャスティング[3]し、マスクやパペット越しに彼らアフリカ系俳優の「カラー」を見せることで、ミュージカル『ライオンキング』の主題である「アフリカの力」（the power of Africa）を表現しようとした。[4]こうした俳優の人種を戦略的に観客に意識させる手法は、「カラーコンシャス・キャスティング」（color-conscious casting）と呼ばれ、アメリカ建国者たちの物語に意図的に非白人俳優を起用したブロードウェイ・ミュージカル『ハミルトン』（*Hamilton: An American Musical*、二〇一五年ブロードウェイ初演）の成功によって、近年大きな注目を集めている。ミュージカル『ハミルトン』が上演される十八年も前に、テイモアがこのキャスティングによって多くの非白人俳優たちに出演機会を与えたことは、実験的かつ画期的な試みだったといえるだろう。

こうした人種を意識したキャスティングと演出は、ブロードウェイ以外での上演にも引き継がれた。ディズニー・シアトリカル・プロダクションズのドラマトゥルグであるケン・セルニグリア（Ken Cerniglia）と、ブロードウェイでミュージカル『ライオンキング』のダンスキャプテンを務めたオーブリー・リンチ（Aubrey Lynch II）は、テイモアとディズニーの働きかけにより、日本を除く世界中の公演で南アフリカ人を含む多人種キャストが実現したこと、(5) 海外公演における作品のローカライズの過程で、どのキャラクターをどんな民族的背景をもつ俳優が演じるかが、常に試行錯誤されてきたことを明かし、(6) 本作にとって人種的演出がいかに重要かを強調する。そして、劇団四季が「完全に日本人キャストでの上演」を要求したという日本の公演については、「世界各地での公演と同じではない」との見解を示している。(7)

2　「肉と血」のカラーコンシャス

◉「カラー」によって俳優を見る

演出家のテイモアは、アニメーション版がヒットした最大の要因の一つに、「キャラクターである動物たちの豊かな人間性」を挙げ、「ダブル・イヴェント」によって、「動物の芝居の中にある真の人間ドラマ」を舞台でも作り出そうとする。(8)

アニメーション版では、他の多くのディズニー作品と同様に、俳優たちが先に台詞を収録し、その音声に合わせて作画を行なうプレスコアリングが実践された。これにより、声や話し方はもちろん、キャラクターの細かな表情や仕草にも、声を演じた俳優自身の特徴が反映されることとなり、たとえば、イギリス人俳優のジェレミー・アイアンズ（Jeremy Irons）が演じたスカーは、ブリティッシュ・アクセントで話す唯一のライオンとして登場している。こうしたキャラクターたちの「声、話し方、感情のこもった表情」に注目したテイモアは、声を演じた俳優たちの存在も強く意識しながら演出を施した。(9) しかし、アニメーション版とミュージカル版の大きな違いは、あくまでも声のみで観客の目には直に触れることのなかった俳優の存在が、その人種とともに観客の前に直接現れることであった。

「ダブル・イヴェント」の大きな特徴は、一般的な仮面劇や人形劇とは違い、マスクやパペットを操る俳優の顔と身体をあえて隠さずに観客に見せることにある。あるインタビューの中でテイモアは、アニメーション版でライオンの王・ムファサの声を演じたアフリカ系俳優のジェームズ・アール・ジョーンズ（James Earl Jones）の声だけで、彼がアフリカ系か否かを判断することは難しいが、ミュージカル版であれば、たとえ子どもの観客であっても、一目見てアフリカ系の俳優がムファサを演じていることがわかるだろうと述べる。(10) ここでテイモアは、「ダブル・イヴェント」によって俳優の身体を隠さずに提示することで、ムファサを演じるアフリカ系俳優の「カラー」が、観客に容易に伝わることを理解しており、同時にそれを期待してもいる。

演劇における異文化表象を専門とするアンジェラ・パオ（Angela C. Pao）は、通常、俳優の文化的アイデンティティは、キャラクターの文化的アイデンティティを強化するものとして作用すると述べる。(11) また、黒人研究を行なうステファニー・リー・バティステ（Stephanie Leigh Batiste）は、特に演劇ではアフリカ系俳優の「カラー」そのものがパフォーマンスとなり、そのパフォーマンスが役のアイデンティティを構築する手段となると指摘する。[12] テイモアは、アニメーション版でアフリカ系俳優が声を演じたムファサのみならず、主人公のシンバやヒロインのナラといった、白人俳優が声を演じていたキャラクターにもアフリカ系俳優を抜擢しており、こうしたキャスティングからは、パオやバティステが指摘したような、俳優自身の「カラー」を役のアイデンティティの構築に利用する、「カラーコンシャス・キャスティング」と呼ばれる配役法と同様の手法を確認することができる。

テイモア自身は、俳優自身の人種的特徴とキャラクターとが結びつくことを、「肉と血によって俳優を見る」(see the actors in flesh and blood) 行為だと称し、[13] アフリカ系俳優の「カラー」を提示する演出によって、舞台上には「人種の力」(the power of the race)、すなわち、前述したミュージカル『ライオンキング』の主題である「アフリカの力」がみなぎるのだと主張する。[14]

◉音楽によって俳優を聴く

テイモアは俳優自身の「カラー」だけでなく、彼らが披露する楽曲やダンス、身にまとう衣裳や化粧などといった様々な要素を利用し、キャラクターの民族的なアイデンティティを強化しようと試みている。

とりわけ、アフリカ系俳優のもつ「人種の力」を強化するために起用されたのが、南アフリカ出身の音楽家レボ・M（Lebo M.）であった。レボはアニメーション版のアフリカ音楽を監修し、同作のインスパイア・アルバム『リズム・オブ・ザ・プライドランド』（*Rhythm of the Pride Lands*）を制作した人物である。彼の音楽に多くのインスピレーションを受けたテイモアは、[15] インスパイア・アルバムから四曲、レボが新たに制作した楽曲から九曲をミュージカルに採用している。これらの楽曲は、いずれもアフリカ独特の歌唱法とズールー語を使用しており、テイモアは、「この歌唱法はとにかく独特で、学ぶことはまず望めず、せいぜいできることと言えば、単に真似をして、それらしく歌うことだけ」との思いから、コーラス・キャストの半数以上は南アフリカ人で構成すべきだ、というレボの提案を受け入れている。[16]

ミュージカル『ライオンキング』で、とりわけアフリカ的な音楽性を先導するのは、ヒヒの呪術師であるラフィキというキャラクターである。アニメーション版のラフィキは、年老いた男性を思わせる言動を取っていたが、ミュージカル版のラフィキはアフリカ系の女性俳優によって演じられている。これは、のちにブロードウェイでラフィキ役を務めた南アフリカ出身の歌手、トゥーリ・ドゥマクデ（Thuli Dumakude）が、アフリカの女性シャーマンの存在をテイモアに教えたためだった。[17] ラフィキは、第一幕のオープニング・ナンバー「サークル・オブ・ライフ」（"Circle of Life"）で第一声をあげ、第二幕の「お前の中に生きている（リプライズ）」（"He Lives in You"）では、アフリカのカラフルな民族衣裳に身を包んだダンサーとコーラス隊を率い、ズールー語を駆使してアフリカ独特の歌唱を披露している。[18]

子役が演じる幼少期のシンバとナラを除けば、ラフィキは「ダブル・イヴェント」による動物のマスク、マペットを持たない唯一のキャラクターであり、テイモアはこれについて、「徹頭徹尾人間らしさを強く打ち出したい」と思ってのことだと明かし、ラフィキが「ミュージカルの精神面を支える中心的な存在である一方、一連のアクションを第三者の立場から俯瞰する優しい存在として、他の出演者からは明らかに乖離している」と述べる。[19] 時には観客に直接話しかけるなど、他のキャラクターとは一線を画す行動をとるラフィキは、より人間に近い存在として描かれており、彼女のもつ人間的な民族性もまた、より強くキャラクターと結びついている。

また、アフリカ系俳優が演じることが通例となっているシンバ、ムファサ、ナラといったライオンのキャラクターたちにも、それぞれ、「終わりなき夜」（"Endless Night"）、「お前の中に生きている」（"They Live in You"）、「シャドウランド」（"Shadowland"）といったレボ作曲によるアフリカ音楽のナンバーが与えられており、ズールー語によるコーラスがそれを支えている。[20] ブロードウェイ・ミュージカル『ハミルトン』の音楽性を検討したエリザベス・クラフト（Elizabeth Titrington Craft）は、同作のヒップホップ音楽を例に、ミュージカルは音楽によってもその文化的市民権が主張されると述べているが、[21] ミュージカル『ライオンキング』においてそうした主張をしているのはレボのアフリカ音楽であり、アフリカ系俳優たちの歌声なのである。

テイモアは俳優の「カラー」とキャラクターのアイデンティティを重ねることを、「肉と血によって俳優を見る」行為だと述べていたが、アフリカ系俳優以外には「学ぶことはまず望めず」、「とにかく独特」なアフリカ音楽の歌唱法は、それらを歌う俳優の「肉と血」を聴く行為であり、舞台上に「アフリカの力」を体現する重要な役割を果たしている。

3 「肉と血」のカラーブラインド

◉スカーの民族性と音楽性の不一致

ミュージカル『ライオンキング』では、俳優たちの「カラー」や歌声によって、その「肉と血」を強く意識させるような演出が施され、キャラクターと俳優の民族性を関連づける「カラーコンシャス・キャスティング」が確かに成立している。しかし、そうした「肉と血」によるキャスティングとは一線を画すキャラクターたちもおり、[22]その最たる例が、シンバの叔父にあたる悪役のスカーである。

スカーは、白人俳優が演じることが通例となっている唯一のライオンであり、テイモアがこの役に望んだ条件は、「シェイクスピア俳優」であるということだった。[23]その方針は歴代のキャスティングにも顕著に現れており、たとえば、ブロードウェイの初演でスカー役を務めたジョン・ヴィッカリー（John Vickery）は、学生時代からシェイクスピア劇に出演し、ストレート・プレイを中心に活躍してきた俳優である。また、マーチン・キルデア（Martin Kildare）やデレク・スミス（Derek

Smith）といった、ミュージカルの出演経験こそ乏しいものの、各地のシェイクスピア・フェスティバルで活躍してきた俳優たちが、その経歴を買われてスカー役に抜擢されたこともあった。さらに、二〇〇二年から全米ツアーに参加し、二〇〇七年からはブロードウェイでもスカーを演じ始めたダン・ドナヒュー（Dan Donohue）に至っては、この役が「クラウディアスやリチャード三世のような偉大なシェイクスピアのキャラクターのDNAを多く持ち合わせている」と公言している[24]。結果として、スカー役はアニメーション版と同じく常にブリティッシュ・アクセントを用いることを強いられるのだが、ブロードウェイでスカー役を演じた俳優のほとんどは英国出身ではなく、舞台上では俳優自身の出自よりも「シェイクスピア俳優」らしさの方が求められ、その声は俳優たちの「肉と血」から距離を置くこととなる。

こうした演出は、当然のことながらスカーの歌うナンバーにも共通している。スカー役に提供された二つの楽曲は、アフリカ音楽に精通するレボではなく、エルトン・ジョン（Elton John）とティム・ライス（Tim Rice）という、二人のイギリス人音楽家によって制作されているのだ[25]。第一幕で歌われる「覚悟しろ[26]」（"Be Prepared"）と、第二幕で歌われる「スカー王の狂気」（"The Madness of King Scar"）は、いずれもスカーの独白から始められる。そこでは韻が多用され、歌唱というよりは感傷的な節回しが主眼とされる。また、初期段階の公演では、兄を殺し王座を奪取したのちに、民に愛されない我が身を憂う「スカー王の狂気」において、オーケストラがリムスキー＝コルサコフ（Rimsky-Korsakov）作曲の「熊蜂の飛行」（"Flight of the Bumblebee"）を彷彿とさせる細かく技巧的な旋律を奏でる中、スカーが観客に向かって自問自答を繰り返す。この時、スカーのマスクは俳優の動きと連動せず、俳優の意に反して動き出すといった演出がなされ、「ダブル・イヴェント」による人間と動物の二重性の調和も崩されている。また、シェイクスピアとメキシコ演劇を研究するアルフレド・モデネッシ（Alfred Michel Modenessi）は、二曲のスカーのナンバーがシェイクスピア作品と密接な類似点があると同時に、一部にラテンアメリカのリズムが使用されていることを指摘しており、[27] 人工的なブリティッシュ・アクセント同様、その歌も、アフリカ系俳優＝アフリカ音楽といったシンプルな構造には収まらない、スカーの特異なあり方が強調されている。

◉塗りつぶされたスカーの「カラー」

「カラーコンシャス・キャスティング」の先例ともいえるアフリカ系俳優へのこだわりとは裏腹に、スカーに関しては、むしろ「カラー」の人工性を強調するミュージカル『ライオンキング』。ここに見られるギャップは、「ダブル・イヴェント」によって観客に提示した俳優の顔を、あえてメイクで塗りつぶすという演出によって、より鮮明なものとなる。肌の色という「幅広い人種のカテゴリーに関連する視覚的に識別可能な特性」を、[28] あえて政治的な配慮から重視するのが「カラーコンシャス・キャスティング」であるならば、スカー役の俳優に対する「メイク」は、こうした配慮を、こと「白人」に対しては行なわないというメッセージとなりうる。また、同様の演出はサイチョウのザズやミーアキャットのティモン、およびイボイノシシのプンバァなどといった、白人俳優によって演じられる他の役にも適応されている。[29] しかし、とりわけスカーの「メイク」が異色であるのは、その茶褐色の「カラー」があくまでも彼の顔の「下地」として塗り込められているからだ。

先に見たように、シンバをはじめとするアフリカ系俳優の演じるライオンたちは、その肌の色を「ダブル・イヴェント」によって観客に提示している。もちろん、その肌の上には赤、黄、白といった点や線でメイクが施されてはいるが、それらはアフリカの民族メイクに基づいたものであり、俳優の「カラー」を覆い隠すよりもむしろ強化する役割を果たしている。[30] 一方で、彼らと並んで舞台に立つスカーは、まるで他のアフリカ系俳優の演じるライオンに同化するかのように、肌をあらかじめ茶色く塗りつぶされており、その上から歪んだ黒い眉や口の輪郭が描かれている。

こうしたスカーのメイクは、一歩間違えれば、白人が黒人を模倣するためにその顔を黒く塗ったブラックフェイスのように、差別的な人種表象になりかねない。しかし、俳優の出身に関係なく強要されるブリティッシュ・アクセントも相まって、スカーのメイクはこの悪役ライオンの「肉と血」の薄さを前景化しようとする。つまり、テイモアがこのメイクで狙っていたのは、スカーを演じる白人俳優を黒人俳優に偽装することではなく、俳優の人種そのものを曖昧にし、隠蔽してしまうことだったのだ。これまで上演されてきた多くのブロードウェイ・ミュージカルでは、そこに登場する「白人」はあくまでも標準的な存在であり、人種問題の前提にもなり得ないと考えられてきた。[31] だが、ミュージカル『ライオンキング』では、スカーは「白人」そのものではなく、あくまでも「白人的存在」として描かれており、人種問題の対象となり得ている。

「ダブル・イヴェント」によって俳優の身体と動物のマスク、双方の姿をさらしながらも、あえて俳優の「カラー」をメイクによって隠してしまうというスカーの三重構造は、「ダブル・イヴェント」ならぬ「トリプル・イヴェント」と呼び得るものであり、俳優、マスク、メイクの三重構造にこそ、テイモアの真の狙いがあったといえるだろう。

4　スカーの体現する「トリプル・イヴェント」

◉原作で指摘される差別的思想

ここで改めて、ミュージカル『ライオンキング』の原作であるアニメーション版に目を向けてみよう。すでに述べたように、アニメーション版には、欧米社会における支配的なイデオロギーの焼き直しが指摘されてきた。たとえば、ライオンと対立し、スカーに加担するハイエナたちは、ラテンのアクセントとアフリカ系アメリカ人のスラングを使用し、ムファサの治める光溢れた「プライドランド」ではなく、薄暗く荒廃した「シャドウランド」に追いやられている。これに注目した人種哲学者のロバート・グッディングヴィリアムズ（Robert Gooding-Williams）は、ハイエナたちはアメリカの下層階級の人々に重ねられていると指摘する。[32] また、そのハイエナを掌握する悪役スカーのキャラクターデザインについては、アーチ型の眉毛などをはじめとする、ゲイのステレオタイプが多用されているとの指摘もある。[33]

こうした描写が問題とされるのは、スカーとハイエナがムファサから王座を奪った後、豊かな「プライドランド」が荒廃した「シャドウランド」と化してしまうからであり、作品が掲げる「サークル・オブ・ライフ」の理想自体が、欧米社会におけるマジョリティーを正当化するための装置にすぎなかったと捉えることもできる。さらに、ムファサが幼いシンバに対し、ライオンがレイヨウを食べ、ライオンが死ねばその体が草となり、それをレイヨウが食べるという食物連鎖の仕組みを説く場面などは、一見すると平等思想を連想させるが、結局は「家長ムファサが食物連鎖の頂点に王として君臨する階層として構造化」したものにすぎない、といった厳しい指摘も存在する。[34]

原作が白人中心主義と強制的異性愛による偏見を内包しているのに対し、テイモアはアフリカ系俳優の「肉と血」を強調する「ダブル・イヴェント」と、白人俳優の「肉と血」を隠蔽する「トリプル・イヴェント」を行なうことで、原作の思想から距離を置こうとする。ミュージカル版では、スカーが雌ライオンのナラに結婚を迫るというオリジナルのエピソードが盛り込まれているが、悪役のスカーを異性愛者として描くこのシーンもまた、アニメーション版からの意識的な変更と考えられる。ミュージカル『ライオンキング』の上演が「人種的および民族的多様性を支持するブロードウェイの反人種差別の表明として役立っている」と主張するブライアン・グレンジャー（Brian Grainger）は、ミュージカル『ライオンキング』で示された新たな要素は、「原作映画の人種差別的および性差別的な問題に対する確かな演劇的反応」として理解されるべきだ、と述べている。[35]

◉強制的な「カラーブラインド・キャスティング」をつくる

俳優自身の姿を見せながらも、メイクによってその「カラー」自体は隠してしまうという演出は、観客を人工的かつ強制的な「カラーブラインド・キャスティング」（color-blind casting）の状態に陥らせる。本来、「カラーブラインド・キャスティング」とは、俳優の肌の色を無視して行なわれる配役のことで、ほとんどは白人のキャラクターを他人種の俳優が演じることを指している。[36] 前述したパオは、このキャスティングが「作品の制作に携わった演出家や俳優だけでなく、それを観る観客にも伝統に捉われない想像力を要求する」ものだと指摘する。[37] また、白人研究を行なうロビン・ディアンジェロ（Robin DiAngelo）は、「カラーブラインド」が「人種に気づいていない、もしくは人種が意味をもたないものであるふりをする」ことであり、結果的に「カラーブラインド・レイシズム」（Colorblind Racism）という新たな人種差別を生み出してしまうと指摘する。[38] 彼らが「カラーブラインド・キャスティング」を問題視するのは、それが非白人の「カラー」だけでなく人種的アイデンティティや人種差別という問題そのものをも無視し、結果的に白人を標準的、または特権的と考える人種差別を助長させてしまうからだ。

ブロードウェイにおいては、「カラーブラインド・キャスティング」は一九九〇年代から徐々に浸透し、現在でも多くの作品で採用されている。しかし、すでに指摘したような問題を受け、新たに脚光を浴びることになったのが、俳優たちの「カラー」を戦略的に観客に意識させる、「カラーコンシャス・キャスティング」だったのである。

ミュージカル『ライオンキング』におけるスカーは、シェイクスピア俳優のようなブリティッシュ・アクセントを話し、韻を踏んだ独白調の楽曲を歌い、片手に「杖を持って気取って歩く」[39]、白人的存在として描かれている。しかし、アフリカ系俳優たちが自身の「カラー」を隠さずに提示し、さらにアフリカ音楽によってその民族性を強く主張する中で、俳優の「カラー」を偽って生きるスカーは、決して標準的な存在には成り得ない。ミュージカルにおける多人種キャスティングを研究するアン・ウェバー（Anne Nicholson Weber）は、世界中の公演でシンバやムファサには決して白人俳優がキャスティングされてこなかったという事実を挙げ、ミュージカル『ライオンキング』には「逆人種差別」（reverse racism）が存在していると指摘しつつも、作品は「人種を祝福」するものだと評価する[40]。

テイモアは「ダブル・イヴェント」によって「人間と動物の皮肉な二重性」を舞台上で表現することに成功したが、同時に動物のキャラクターたちは俳優のもつ民族性と強く結びつくこととなった。この時、白人的存在として描かれる悪役スカーは、それを演じる白人俳優の「カラー」も相まって、「ブラック」対「ホワイト」という対立構造をあまりに容易に作り出してしまう危険性があった。そのため、スカーを演じる俳優は自身の「カラー」をメイクで隠すことで、俳優の人種を無視する「カラーブラインド・キャスティング」を人工的かつ強制的に作り出し、スカーを俳優の人種とは切り離された存在にしようと試みる。「カラーコンシャス・キャスティング」と「カラーブラインド・キャスティング」を使い分け、一つの作品の中に共存させたミュージカル『ライオンキング』の演出は、初演当時はもちろん、現在においても画期的かつ実験的な人種表象だといえるだろう。

5　人種のないスカー

ブロードウェイ・ミュージカル『ラグタイム』（*Ragtime: The Musical*、一九九六年初演）を筆頭に、一九九〇年代にはアフリカ系俳優を意識的に起用した作品も少なからず上演されていた。だが、テイモアはこうした作品の多くが人種問題そのものをテーマにしていると指摘し、ミュージカル『ライオンキング』の基本姿勢はそれらと異なると主張する。(41) ともすれば、「ブラック」対「ホワイト」という視覚的にシンプルな対立構造と認識されかねない本作のキャスティングは、スカーに施されたメイクによって、人間の「カラー」をめぐる問題から引き離され、サバンナを生きる動物たちの物語へと還元されていく。

スカーに対するメイクが、あくまでも彼を人種から引き離すためのもので、白人から黒人へと変えるためのものではないと証明したのが、アフリカ系俳優デリック・デイヴィス（Derrick Davis）の起用である。オペラ歌手としてのキャリアをもち、同時にアフリカ的歌唱法にも通じているとされたデイヴィスは、二〇一二年、ブロードウェイの公演でスカー役とムファサ役を兼任するアンダースタディに選ばれた[42]。アフリカ系の「カラー」をもつデイヴィスは、スカー役を演じる際、これまでスカーを演じてきた白人俳優たちと同様に、その肌を茶褐色のメイクで塗りつぶしている。『アメリカン・シェイクスピア』において、常山菜穂子は、ホワイト・ミンストレルでの白人によるブラックフェイスは、「画一化された黒人像」を演じるために施されたものだと説明する[43]。もしも、デイヴィスの肌をノーメイクで観客に提示することが選ばれていたならば、これまでスカーを演じてきた白人俳優に施されたメイクは「画一化された黒人像」の再表象にすぎず、デイヴィスのアフリカ系の「カラー」こそが、スカーの本当の「カラー」だとみなされていただろう。しかし、デイヴィスの肌の色を考慮することなく、スカーの茶褐色のメイクが施されたという事実からは、そのメイクの目的が俳優を黒人に擬態させることではなく、俳優の人種を曖昧にすること自体にあることを物語っている。

ディズニー・ミュージカル『ライオンキング』では、「ダブル・イヴェント」によって、アフリカ系俳優の肌の色や音楽といった民族性をキャラクターと深く結びつける「カラーコンシャス・キャスティング」が機能していた。だが、それは同時に「カラー」による対立構造新を生み出す危険性をもはらんでいた。そのためにテイモアは、ミュージカル版におけるマイノリティ、すなわち白人俳優が演じるスカーをはじめとしたキャラクターたちの肌を、メイクによって塗りつぶし、その人工的な「カラー」を観客に晒すという選択をした。メイクが生み出す強制的かつ部分的な「カラーブラインド・キャスティング」によって、テイモアは新たな人種問題の回避に成功していたのである。

註

（1）ジュリー・テイモア『ライオンキング——ブロードウェイへの道』藤田みどり訳、日之出出版、一九九八年、三十頁。原語表記、Julie Taymor, *The Lion King: Pride Rock On Broadway*（Glendale: Disney Editions, 1998）, 30.

（2）ストーリー・テラーの役割も果たすヒヒのラフィキは、「ダブル・イヴェント」によるマスクやパペットを持たず、その代わりに顔にヒヒを彷彿とさせる鮮やかなメイクを施している。

（3）Elysa Gardner, “Julie Taymor on the Lasting Legacy of The Lion King,” *Broadway Direct*（November 6, 2017）〈https://broadwaydirect.com/julie-taymor-lasting-legacy-lion-king/〉

（4）Charlie Rose, “Julie Taymor: A conversation about the Broadway adaptation of the Disney film ‘The Lion King’”（December 4, 1997）〈https://charlierose.com/videos/5844/〉

（5）Ken Cerniglia, Aubrey Lynch II, “Embodying Animal, Racial, Theatrical, and Commercial Power in The Lion King,” *Dance Research Journal*, Vol.43, No.1（2011）, 6.

（6）*Ibid*., 8.

（7）*Ibid*.

（8）テイモア、三十頁。

（9）同右。
（10）Richard Schechner, "Julie Taymor: From Jacques Lecoq to 'The Lion King': An Interview," *TDR*, Vol.43, No.3（1999）, 54.
（11）Angela C. Pao, *No Safe Spaces: Re-casting Race, Ethnicity, and Nationality in American Theater*（Ann Arbor: University of Michigan Press, 2010）, Chapter 6, Kindle.
（12）Stephanie Leigh Batiste, *Darkening Mirrors: Imperial Representation in Depression-Era African American Performance*（Durham and London: Duke University Press, 2011）, 14.
（13）*Ibid.*
（14）Rose.
（15）アルバム『リズム・オブ・ザ・プライドランド』は、レボ・Mらが、アニメーション版『ライオン・キング』の音楽に触発されて制作したもので、一九九五年にリリースされた。
（16）テイモア、一三八頁。
（17）Chris Wiegand, "Julie Taymor: how we made The Lion King musical," *The Guardian*（October 22, 2019）〈https://www.theguardian.com/stage/2019/oct/22/julie-taymor-how-we-made-the-lion-king-musical〉
（18）この他にも、第一幕でムファサが亡くなった際、ラフィキは嘆き悲しむ雌ライオンのコーラスと共に「ラフィキの哀悼」（"Rafiki Mourns"）というナンバーを披露しており、こちらもズールー語と南アフリカの独特な歌唱が確認できる。
（19）テイモア、七十三頁。
（20）これらの楽曲は、『リズム・オブ・ザ・プライドランド』に収録された「ララ」（"Lala"）、「心の中の王」（"He Lives in You"）、「聖地」（"Lea Halalela"）をもとに制作された楽曲である。

（21）Elizabeth Titrington Craft, “Headfirst into an Abyss: The Politics and Political Reception of Hamilton,” *American Music*, Vol.36, No.4（Winter 2018）, 431.

（22）通常は「白人」によって演じられるザズは、「半分英国の執事、半分太鼓持ち」（テイモア、六十八頁）をイメージし、青い山高帽と燕尾服に白いクラバットという西洋の正装に身を包む。また、ティモンは「イタリアの古典的な即興喜劇であるコメディア・デラルテに登場する人物」（同、一二二頁）、彼と行動をともにするプンバァは、戦前のアメリカで活躍した白人お笑いコンビのボケにたとえられている（同、六十四頁）。

（23）Wiegand.

（24）Carolyn Lamberson, “‘Lion King’ memories: Spokane actor Dan Donohue looks back on his long run behind Scar’s mask,” *The Spokesman-Review*（January 17, 2019）〈https://www.spokesman.com/stories/2019/jan/17/lion-king-memories-spokane-actor-dan-donohue-looks/〉

（25）エルトン・ジョンとティム・ライスが制作した白人俳優のためのナンバーには、ザズの「朝のご報告」（“The Morning Report”）、ティモンとプンバァの「ハクナ・マタタ」（“Hakuna Matata”）、エドたちハイエナの「食っちまえ」（“Chow Down”）などがある。このうち、「朝のご報告」はのちにミュージカルからカットされた。

（26）曲の邦題は劇団四季の表記に従う。

（27）Alfred Michel Modenessi, “Disney’s ‘War Efforts’: The Lion King and Education for Death, or Shakespeare Made Easy for Your Apocalyptic Convenience,” *Ilha do Desterro: A Journal of English Language, Literature in English and Cultural Studies*, 49（2005）, 410-412.

（28）Pao, Introduction.

（29）ザズ役の俳優は目と口周りを白く、その他の部分は青く塗るメイクが施され、さらには青い手袋によってその肌の色が完全に隠されている。同様に、ティモン役の俳優は緑に、プンバァ役の俳優は白と茶の縞模様に顔を塗りつぶされている。

（30）ブロードウェイのプログラムには、ムファサとシンバのメイクはマサイ族の戦士から、ナラのメイクはウォダベ族からヒントを得たとの記述がある。（Disney Theatrical Productions, "The Lion King: Souvenir Brochure"（2013）, 22.）

（31）Warren Hoffman, *The Great White Way: Race and the Broadway Musical*（New Brunswick, N.J.: Rutgers University Press, 2014）, Overture, Kindle.

（32）Robert Gooding-Williams, "Disney in Africa and the inner city: On race and space in The Lion King," *Social Identities*, 1(2)（1995）, 373–379.

（33）Harry M. Benshoff, Sean Griffin, *America on Film: Representing Race, Class, Gender, and Sexuality at the Movies*（Oxford: Wiley-Blackwell, 2009）, Case Study: The Lion King（1994）, Kindle.

（34）Amy Cappiccie, Janice Chadha, Muh Bi Lin, Frank Snyder, "Using Critical Race Theory to Analyze How Disney Constructs Diversity: A Construct for the Baccalaureate Human Behavior in the Social Environment Curriculum," *Journal of Teaching in Social Work*, 32, No.1（2012）, 50.

（35）Brian Granger, "Disney's *The Lion King* on Broadway（1997）as a Vital Sign for Understanding Civic and Radicalizes Presence in the Early Twenty-First Century," Sarah Kate Whitfield, ed., *Reframing the Musical: Race, Culture and Identity*（London: Red Globe Press, 2019）, 42-46.

（36）ブロードウェイでは、一九九五年にアフリカ系のメルバ・ムーア（Melba Moore）とノーム・ルイス（Norm Lewis）がミュージカル『レ・ミゼラブル』（*Les Misérables*、一九八七年ブロードウェイ版初演）のプリンシパル・キャストに起用された他、一九九八年にはアフリカ系のトニ・ブラクストン（Toni

Braxton）がミュージカル『美女と野獣』の主役ベルに抜擢されている。一方で、ミュージカル『オペラ座の怪人』の主役ファントムや、『レ・ミゼラブル』の主役ジャン・バルジャンにアフリカ系俳優が初めて起用されたのは、二〇一〇年代に入ってからである。

（37）Pao, Chapter 6, Kindle. 参照。この中でパオは、オールブラック・キャストで構成された『ハロー、ドーリー！』（*Hello Dolly!*）の一九六七年公演と一九七五年の再演、同じくオールブラック・キャストによる『ガイズ・アンド・ドールズ』（*Guys And Dolls*、一九七六年版）、アジア系俳優によって再演されたナショナル・アジアン・アメリカン・シアター・カンパニーによる『ファルセットランド』（*Falsettoland*、一九九八年版）、ブロードウェイの歴史上初めて非ユダヤ系俳優が主人公のテヴィエを演じた『屋根の上のバイオリン弾き』（*Fiddler on the Roof*、二〇〇四年版）などを中心に、ブロードウェイ・ミュージカルにおける「カラーブラインド・キャスティング」の実践とそれに対する評価を検討している。

（38）Robin DiAngelo, *What Does It Mean to Be White?: Developing White Racial Literacy*,（New York: Peter Lang, 2012）, 130.

（39）テイモア、五十三頁。

（40）Anne Nicholson Weber, *Upstaged: Making Theatre in the Media Age*（New York: Routledge, 2006）, 51.

（41）Schechner, 54.

（42）Derrick Davis, “About the Dreamer,” *Derrick Davis@dreamclimber* 〈https://www.therealderrickdavis.com/〉

（43）常山菜穂子『アメリカン・シェイクスピア――初期アメリカ演劇の文化史』国書刊行会、二〇〇三年、一〇二頁。

第5章 劇団四季の「アジア化」とその隠蔽——レプリカによるミュージカル『ライオンキング』上演

1 「アジアン・パワー」によるミュージカル『ライオンキング』

日本版演出を新たに施すノンレプリカから、オリジナルの公演を忠実に再現しようとするレプリカへと、海外ミュージカルの受容形式を変化させてきた劇団四季。浅利慶太は、こうした変化を日本の「国際化」が進んだ結果と述べていたが、このレプリカ形式は、結果的にオリジナル公演が有していた人種に関する「葛藤」をも、そのまま日本へと受容することとなった。つまり、制作地と同様の演出のまま、この「葛藤」をいかに日本で消化していくのかが、海外ミュージカル輸入における新たな試練となったのである。

前章で見てきたように、ブロードウェイで制作されたディズニー・ミュージカル『ライオンキング』は、アフリカ系などの多人種のキャストで演じられることを想定しており、俳優の肌の色、すなわち「カラー」による善悪の対立構造を避けるための配慮が施されていた。たとえばそれは、白人俳優が演じる唯一のライオンである悪役スカーの顔に塗りこめられた、茶褐色のメイクなどとして表れていた。一九九八年に始まった劇団四季での輸入上演でも、こうした配慮はそのままのかたちで受け継がれたが、日本人俳優がほとんどを占めていた当時の公演では、もはや人種への配慮は必要とすらされていなかったのである。

ところが、特に二〇〇〇年代以降、劇団四季の内部ではある大きな変革が起こっていた。ジャーナリストの松島まり乃は、二〇〇八年に東京上演十周年を迎えた劇団四季での公演について、公演プログラムに寄せたコラム「『ライオンキング』に日・中・韓の『アジアン・パワー』が漲るまで」の中でこう振り返る。

開幕時から今日まで、四季劇場［春］では一貫して高い水準が保たれているが、当時と今ではおそらくひとつだけ、異なることがある。他の多くの演目同様、現在、『ライオンキング』では多くのパートで、韓国や中国出身の俳優が活躍。日・中・韓の「アジアン・パワー」炸裂の様相を見せている点だ[1]。

松島は、一九九八年の日本初演当時と比べ、『ライオンキング』に出演する韓国人俳優と中国人俳優の多さに驚く。韓国の新聞『中央日報』は二〇〇九年七月の記事の中で、約七〇〇名いる劇団四季の所属俳優のうち、四十六名が韓国人だと報じている[2]。また、在日中国人の生活を取材する野村進は、著書の中で、二〇〇九年に劇団四季に所属していた俳優の約一割に当たる七十六名が外国人であり、そのうち中国人は二十四名、対するアメリカ人はわずか一名だったと記している[3]。こうしたアジア系外国人俳優の増加は、ミュージカル『ライオンキング』にも大きな影響を及ぼしており、主役であるシンバやヒロインのナラをはじめ、ムファサ、スカー、ラフィキ、ザズ、ティモン、プンバァ、ハイエナたちなど、主要な役のほとんどに韓国人や中国人の俳優が抜擢されるようになった。

つまり、現在の劇団四季では、こうしたアジア系外国人俳優の増加に伴う「アジア化」が起きているのであり、この変革は海外ミュージカルの輸入上演のあり方にも、それなりの影響を及ぼしていく。というのも、この「アジア化」が必要としたのは、ブロードウェイ版のミュージカル『ライオンキング』に見られたような、俳優の「カラー」による視覚的な人種の違いへの配慮ではなく、同じ「カラー」をもつアジア系俳優の間での非視覚的な人種の違いへの配慮だったからだ。

2　劇団四季の「アジア化」

◉劇団四季のアジア進出

劇団四季とアジア諸国との関わりは、一九八八年に日中平和友好条約締結十周年を記念して中国の北京民族文化宮で上演された、オリジナル・ミュージカル『ハンス』(現『アンデルセン』)から始まった。これに続き、一九九二年にはオリジナル・ミュージカル『李香蘭』が中国の北京、長春、瀋陽、大連にて上演されている。また、一九九四年には韓国のソウルでブロードウェイ・ミュージカル『ジーザス・クライスト＝スーパースター』のエルサレム・バージョンを上演した他、一九九七年にはシンガポールでも『李香蘭』を上演している。

さらに、こうした出張公演とは別に、中国や韓国の劇場や企業とライセンス契約を結ぶことで、現地の俳優、スタッフによる現地の言語でのミュージカル上演も手掛けている。たとえば中国では、一九九九年にディズニー・ミュージカル『美女と野獣』の北京公演を、二〇一七年には劇団四季のオリジナル・ミュージカル『人間になりたがった猫』の北京、上海公演をプロデュースしている。さらに韓国では、二〇〇六年にディズニー・ミュージカル『ライオンキング』のソウル公演をプロデュースし、約一年間のロングラン公演を実現している。

こうしたアジア進出に対しては、現地から批判の声が上がったこともあり、二〇〇四年、劇団四季がソウルに一二〇〇席規模のミュージカル専用劇場を建設しようとした際には、韓国公演プロデューサー協会から「市場侵略」だとの批判を受け、計画そのものが白紙となった[4]。前述したミュージカル『ライオンキング』のプロデュース公演の際も、韓国初のミュージカル専用劇場であるシャルロッテ劇場の柿落しだったこともあり、再び「日本の大劇団による帝国主義的文化侵略」との批判を浴びている[5]。この公演は約一年間のロングランを達成したものの、結果的に四億円の赤字を出したとされる。これに対して、劇団代表である浅利慶太は、「赤字になったため韓国では失敗と思われているが、日韓交流にもなり、多くの韓国人俳優を育てた点で韓国のミュージカル界を助けることもできた」と語ったという[6]。浅利のこの発言は、劇団四季、ひいては日本のミュージカルが、韓国ミュージカルの発展を助けることが可能な立場であることを前提としており、韓国を含むアジア諸国のミュージカルに対する浅利の特権意識を浮き彫りにする。

◉アジアに対する特権意識

劇団内でアジア系外国人俳優を重用しながらも、帝国主義的な特権意識を見せる浅利の思考は、『劇団・戦後のあゆみ――新劇団協議会三十年史』に掲載された鼎談でもうかがうことができる。浅利はこの鼎談の中で、今後、中国、アメリカ、韓国から研究生として俳優を集める予定であることを明かし、劇団四季のアジア進出について、次のように言及している。

（微力ですが）私は、まず、今演劇を起ち上がらせようとしている国を援助することから始めたい。その意味では、アジア、とりわけ東北アジアと対話することで、芸術家どお《ママ》しの信頼関係を深めていく。もちろん、ヨーロッパ、アメリカとの交流は今までもやって来たしこれからもどんどんやります。しかし、アジアとの関係が最もだいじです。私にとっての「国際化」はそこにあります。（中略）

アジアの国といっしょに芝居をやる場合、技術的援助ができるのです。だから、合同でやるのではなく、その国の人たちだけでやるようにする。日本側は裏に回って技術的なお手伝いをし、その国の俳優さんが〝花〟を取るようにする。それが両国間の交流をいっそう深める。そのくらいの配慮は必要でしょうね。つまり、アジアとの関係では、私たちの側が犠牲を払い地道に誠実にやって、そこから信頼関係を作り出していく。そうしなければ何事も始められない、と思いますよ。[7]

ここで浅利は、自身にとっての「国際化」を、アジア、特に中国、韓国などの東北アジアへの進出に見出している。そして、「今演劇を立ち上がらせようとしている国」、すなわち、アジアの演劇途上国に対し、演劇発展国である日本が「援助」や「技術的支援」をする必要があると説く。この時、浅利は日本が裏方に専念するという「犠牲」によって「信頼関係を作り出していく」とも述べているが、それはすなわち、ブロードウェイやウエストエンドが日本に対して行なってきたミュージカル輸出を、今度は劇団四季がアジアに向けて開始することを意味していた。

劇団四季のアジア進出については、「自社のもつユニークな資産を活用し、アジア、そして世界に貢献するとともに、営利事業としての地域拡大を目指すもの」との好意的な見解もあるが、(8)ミュージカル『ライオンキング』のプロデュース公演で浅利と共同演出をした元ソウル芸術大学教授のキム・ヒョギョンが、意見の相違から公演期間中に解雇されるなど、作品を輸入する側のオリジナリティを認めようとしない、輸出国としての支配的な姿勢も指摘せざるを得ない。このように、二〇〇〇年代以降の劇団四季では、出張公演やライセンス公演によるアジア進出や、韓国・中国出身のアジア系外国人俳優の活躍など、劇団の「アジア化」が急速に推し進められてきたのだが、またその一方で、浅利の支配的思想に見られたようなアジアの「日本化」もまた、同時進行で生じている。

3 アジア系外国人俳優の「日本化」

◉日本風の芸名

アジア系外国人俳優の起用やアジア進出といった「アジア化」とは裏腹に、劇団四季にはアジア系外国人俳優を日本人俳優に擬態させ、彼らを「日本化」しようとする、相対する動きも見られる。

たとえば、劇団四季に所属するアジア系外国人俳優には、本名ではなく日本風の芸名で活動する者が多く存在する。名前と民族性の繋がりに着目したリリアン・テルミ・ハタノが、「名前は、文化的アイデンティティにつながる契機、出発点として機能しうる」と述べるように[9]、ブロードウェイのような俳優の「カラー」の違いなどといった視覚的に明確な差異をもたない劇団四季のアジア系外国人俳優にとって、名前は自身の民族性を表明する重要な要素といえる。それを日本風に変えることは、日本の朝鮮半島支配の際に行なわれた創氏改名の歴史を鑑みても、俳優の文化的アイデンティティや民族的アイデンティティに対する一種の奪取や侵略に繋がると考えることもできる。

だが一方で、在日朝鮮人の本名と日本名（通名）をめぐる問題について検討した金泰泳《きんたいえい》は、在日朝鮮人が本名を名乗ることは、「日本社会の現状のなかでは、少なからぬ緊張をともなうものである」とし、本名を名乗ることによる人種差別誘発の実態を指摘する[10]。これらを踏まえ、本名を名乗ることで民族的アイデンティティの獲得を目指した「本名宣言」に対し、本名から再び日本名へと名乗りを切り替える在日外国人がいることに着目した薮田直子は、日本で本名で生きることの不便さと、本名で生きられる日本社会実現の必要性を説いている[11]。多くのアジア系外国人俳優が本名ではなく日本風の芸名で活動する背景には、名前による差別を避けようとする思惑もあるのだろう[12]。

前述した野村は、劇団四季にいる中国人俳優の大半が日本風の芸名を使用していると指摘し、自身の体験を踏まえて読者にこう問いかける。

たとえば、パンフレットに名前が出ている「松永隆志」「川野翔」「入江航平」「金子信弛」「高城将一」「花沢翼」のうち、どれが日本人俳優で、どれが中国人俳優か、読者は名前だけで見分けがつくだろうか。「松本隆志」と「入江航平」はたぶん日本人だろうが、「金子信弛」と「花沢翼」はどうも中国人っぽいな。私は第一印象でそんなふうに思ったのだが、実は全員が中国人俳優なのである(13)。

こうした日本風の芸名は、日本人と比較的外見の特徴が似ている韓国や中国などの東アジア出身の俳優が使用する傾向にあり、外国人俳優でも欧米や東南アジア出身の俳優は使用していないことからも、日本人俳優への擬態が目的と考えられる。

もう一つ、日本人俳優とアジア系外国人俳優の差異を隠蔽するために機能するのが、劇団四季特有の発声方法である、母音法だ。たとえば、「人生は不公平だ」というスカーの台詞であれば、「インエイアウオウエイア」という具合に、母音だけを抽出して徹底的に稽古するこの方法は、もともと台詞をはっきりと発音するために生み出されたものである。母音法の生みの親である浅利は、「訛で苦しんでいる人は言葉をすべて母音だけにしてくり返し練習するといい。驚くほどのスピードで訛はとれてしまう」と述べ、母音法が訛りの矯正にも効果を発揮すると言及しており(14)、これはアジア系外国人俳優たちの母国語訛りを隠すことにも効果を発揮している。こうして、日本人俳優の中に隠蔽されたアジア系外国人俳優たちは、劇団四季の「アジア化」を内部から促しながらも、外面上は「日本化」されるという、相反する存在であり続けている。

◉あるスカー俳優の肖像

劇団四季のミュージカル『ライオンキング』では、ブロードウェイ版で人種表象に特に配慮が必要な役であった悪役ライオンのスカーにも、在日を含むアジア系外国人俳優がキャスティングされている。中でも、韓国人俳優として初めて劇団四季でスカーを演じたのは、在日二世の金森勝《かなもりまさる》だった。[15] 金森は、一九九六年に劇団四季に入団してから約十年間は、本名であるキム・スンラ名義で活動しており、韓国系のその名前のまま、ディズニー・ミュージカル『美女と野獣』のビースト役や、ウエストエンド・ミュージカル『キャッツ』のラム・タム・タガー役など、主要な役を演じている。彼が初めてミュージカル『ライオンキング』のスカー役を演じたのは、劇団四季がプロデュースしたミュージカル『ライオンキング』韓国公演からであり、この際に彼は、劇団四季と韓国側が交わした、韓国人俳優のみで演じるという制約を守るため、韓国国籍を取得している。ところが、韓国公演が終了し、日本での公演に復帰した後は、芸名をキム・スンラから金森勝へと変更し、この日本風の芸名でスカー役やミュージカル『ジーザス・クライスト＝スーパースター』のユダ役を演じている。

二〇一三年に劇団四季を退団し、現在は金すんらと再び芸名を変更して活動する彼は、浅利の訃報を受けて、自身のブログに劇団四季時代の思い出を綴っている。[16] キム・スンラ名義で活動していた際、一度は出演が決まっていたミュージカル『美女と野獣』のビースト役を、「名前による差別を鑑みた」との理由から、劇団側に降ろされそうになったこと。ミュージカル『ライオンキング』韓国公演に参加した際には、劇団四季に所属する在日という立場から、日本と韓国スタッフの狭間に立たされて苦労したこと。韓国人俳優の稽古が優先される中、スカー役だった韓国人俳優が体調不良で降板したために、韓国初演のスカー役として自身が出演できたことなどを明かした金は、様々な差別や批判の中で、劇団四季と韓国、双方の舞台に立てたことに対し、「浅利慶太氏が居たから出来たことであり、感謝している」と述べている。しかし同時に、浅利から「本国から差別されるヤツを俺が拾ってやったんだ」との発言を受けたことや、途中で芸名を日本名へと変えることになった戸惑いや苦しみなど、在団中の複雑な心中をものぞかせる(17)。

ミュージカル『ライオンキング』の韓国公演では、韓国籍を取得して韓国人になることを求められたキム・スンラは、一転して、ミュージカル『ライオンキング』の劇団四季公演では、金森勝という日本風の芸名で舞台に立つことを求められた。キム・スンラから金森勝、そして金すんらへ。名前や国籍さえも変えながら、舞台に立ち続けた金は、劇団四季における人種問題に翻弄された俳優の一人だといえるだろう。

劇団四季は積極的に劇団四季の「アジア化」を推し進めてきたが、同時に、アジア系外国人俳優の芸名を日本風にし、台詞の訛りを矯正するといった「日本化」も行なってきた。つまり、現在の劇団四季では、日本の「アジア化」とアジアの「日本化」が同時に生じており、海外ミュージカルのレプリカ公演もまた、こうした複雑な構造を前提として制作される必要が出てきたのである。

4　劇団四季の『ライオンキング』

◉スカー俳優の変化

前章で述べたように、ブロードウェイ版では、スカーを演じる俳優はシェイクスピア俳優であることが求められてきた。彼らは皆、その出身地にかかわらずブリティッシュ・アクセントで話し、時にはミュージカル俳優としての歌の素養よりもシェイクスピア俳優らしい演技ができることが優先されていた。

一方、劇団四季版では、スカーを演じる俳優にシェイクスピア俳優であることは求められてはいない。そもそも、基本的に劇団員の中からキャスティングする劇団四季では、外部からシェイクスピア俳優を出演させることは困難である。また、劇団四季版でスカーを演じてきた歴代の俳優たちには、シェイクスピア俳優などといった共通のカテゴライズは見当たらず、得意とする役なども実に多様である。左の表は、初演から二〇二二年までに、劇団四季の東京公演でスカー役を演じてきた主な俳優十九名が、スカー以外に演じている主な役をまとめたものである。

劇団四季歴代スカー俳優

『劇団四季上演記録2004』、公演パンフレット、公式HPを参考に作成。

名前	演じてきた主なキャラクターとその作品名（順不同）
下村尊則（下村青）	ルミエール『美女と野獣』／ヘロデ王『ジーザス・クライスト＝スーパースター』／マンゴジェリー『キャッツ』／ハムレット『ハムレット』
野中万寿夫	ガストン『美女と野獣』／フロロー『ノートルダムの鐘』／ビル『マンマ・ミーア！』／ジャファー『アラジン』
深水彰彦	ガストン、コッグスワース『美女と野獣』／ムファサ『ライオンキング』／トラップ大佐『サウンド・オブ・ミュージック』／ジャファー『アラジン』
青山明	怪人『オペラ座の怪人』／ルミエール『美女と野獣』／ヘロデ王『ジーザス・クライスト＝スーパースター』
早川正	ガストン『美女と野獣』／ムファサ『ライオンキング』
渋谷智也	ルミエール『美女と野獣』／バストファージョーンズ『キャッツ』
川地啓友	部長『夢から醒めた夢』／オカシラス『魔法をすてたマジョリン』
宮川政洋	ガストン『美女と野獣』／エド『ライオンキング』
栗原英雄	リチー『コーラスライン』／ラム・タム・タガー『キャッツ』／
	ビル『マンマ・ミーア！』／オズの魔法使い『ウィキッド』
広瀬明雄	ザズ『ライオンキング』／ストレート・プレイ中心
金森勝（キム・スンラ）	野獣『美女と野獣』／ラム・タム・タガー、アスパラガス＝グロールタイガー、スキンブルシャンクス、バストファージョーンズ『キャッツ』／ユダ『ジーザス・クライスト＝スーパースター』

道口瑞之	ルミエール『美女と野獣』／ジーニー『アラジン』／フロロー『ノートルダムの鐘』
本城裕二	ザズ、バンザイ『ライオンキング』／ジャファー『アラジン』／シモン『ジーザス・クライスト＝スーパースター』
萩原隆匡	ラム・タム・タガー、マンゴジェリー、マンカストラップ『キャッツ』／ベルナルド『ウェストサイド物語』／カシーム、ジーニー『アラジン』
韓盛治	ティモン、プンバァ、バンザイ、エド『ライオンキング』／ジーニー『アラジン』
池田英治	ティモン、バンザイ『ライオンキング』
飯村和也	シンバ『ライオンキング』／ハリー『マンマ・ミーア！』／フィエロ『ウィキッド』
髙橋基史	トリトン『リトルマーメイド』／ガストン『美女と野獣』
北澤裕輔	シンバ『ライオンキング』／ヘロデ王『ジーザス・クライスト＝スーパースター』／ラウル・シャニュイ子爵『オペラ座の怪人』／フィエロ『ウィキッド』

表に記したように、スカー俳優たちが演じてきたキャラクターは実に多様であり、ここで紹介した主な作品とキャラクターだけでも、その数は十七作品三十七役にのぼる。彼らの中には、ミュージカル『ライオンキング』においてスカー以外のキャラクターを演じた者も多く、たとえば、日本初演でムファサ役を演じた早川正や、シンバ役の経験をもつ飯村和也と北澤裕輔、ティモン、プンバァ、バンザイ、エドの四役を経験している韓盛治らがいる。また、青山明のような東京芸術大学声楽科を卒業したシンガーや、萩原隆匡のようなダンス・ミュージカルに出演してきたダンサーまで、幅広い性質の俳優が配役されている。さらに、野中万寿夫のような悪役を中心に演じている俳優や、対照的に、道口瑞之のような陽気で軽快な役柄を得意とする俳優も配役されており、俳優自

身のもつイメージの面から見ても、実に様々な俳優がキャスティングされてきたことがわかる。

◉ライオンたちのメイク

・シンバ、ムファサの場合

前章で検討したように、ブロードウェイ版のミュージカル『ライオンキング』では、シンバやムファサといったライオンのキャラクターは、アフリカ系俳優によって演じられている。この時、俳優の身体と動物のマスクやパペットの双方でキャラクターを表現する「ダブル・イヴェント」という演出によって、アフリカ系俳優たちは自身の肌の色を観客に隠すことなく提示し、俳優の人種とキャラクターが密接に結びつく、「カラーコンシャス・キャスティング」が成立していた。テイモアはこのキャスティングによって「アフリカの力」を表現しようとしており、アフリカ系俳優自身の「カラー」を隠すことなく提示するライオンのメイクは、「アフリカの力」を前景化させる重要な手段の一つになっていた。

ところが、レプリカによる劇団四季での上演では、演じる俳優の人種に関係なく、ブロードウェイ版を再現したメイクが引き継がれている。つまり、アジア系俳優によって演じられるライオンたちは、ブロードウェイ版と同じ俳優の肌の色を隠すことのないメイクによって、俳優自身のアジア系としての「カラー」を明示することになる。この時、「ダブル・イヴェント」によって前景化されるものが、テイモアが目指していた「アフリカの力」ではないことは明らかだ。

• スカーの場合

俳優自身の「カラー」を観客に隠さずに提示していたシンバたちとは異なり、白人俳優によって演じられる唯一のライオンであるスカーは、その顔を茶褐色のメイクで塗りつぶし、その上から歪んだ眉や輪郭を黒い線で描いている。これは、イントネーションやセリフ回し、仕草にシェイクスピア俳優としての素養を必要とし、音楽性も他のライオンたちとは全く異なるスカーが、アフリカ系俳優の演じる他のライオンたちと対峙する際、俳優の「カラー」による対立構造を避けるためのものであった。スカーに与えられた茶褐色のメイクは、ブラックフェイスのように白人が黒人になりすますためのものではなく、あくまでも俳優自身の「カラー」を視覚的に隠蔽するためのものであることは、同役にアフリカ系俳優が配役された際、同様のメイクが施されたことからも明らかである。つまり、俳優自身の「カラー」を考慮せずに施されるスカーのメイクが果たしているのは、観客を強制的な「カラーブラインド・キャスティング」の状態に誘導する役割であった。

劇団四季版でも、スカーにはブロードウェイ版を踏襲したメイクが施され、俳優の肌は茶色く塗りつぶされている。しかし、ここでスカーを演じているのは他のライオンと同じアジア系俳優であり、ブロードウェイ版のスカーのメイクが果たしていた、俳優間での「カラー」の違いによる対立構造の回避という役割は、すでに機能してはいない。つまり、劇団四季におけるスカーの茶褐色のメイクは、ブロードウェイ版のような役割を果たしてはおらず、それどころか、アジア系の「カラー」をそのまま提示する他のライオンたちの中で、ただ一頭、茶色い肌をもつ異質な存在として、スカーを浮かび上がらせている。肌を茶褐色に塗りつぶし、衣裳も同じ茶褐色であるスカーと、アジア系の肌の色そのままに、黄色や肌色といった明るい色彩の衣裳をまとう他のライオンたちの対比は、むしろ新たな「カラー」による対立構造を生み出す危険性すらはらんでいるのだ。

それでも、ライオンたちのメイクによる「カラー」の違いが、人種表象と結びつくことなく受け入れられているのは、善であるシンバも悪であるスカーも、全て「日本人的存在」によって演じられ、それを観ている観客のほとんども日本人であることが前提とされているからだ。俳優も観客も多人種によって構成されるために、配慮なしでは人種間の対立が容易に強調されてしまうブロードウェイとは異なり、日本人俳優と、日本人に外見的特徴の似ている韓国や中国のアジア系俳優が混じって演じられる劇団四季の『ライオンキング』では、俳優の「カラー」による対立構造はそもそも生まれにくい。この時、スカーに施された人工的な「カラー」は、群れに馴染むことができない異分子という、彼の内面的な違いを表現する。こうしたキャラクターの「カラー」による対立構造が、人種とは切り離されたところで成立しうるのは、前述してきたようなアジア系外国人俳優の「日本化」によって、彼らが「日本人的存在」に擬態しているからであり、こうした隠蔽によって、新たな人種に関する「葛藤」を表出させずにいられるのである。

5　サラリーマンになったスカー

◉日本の日常に融合するスカー

ブロードウェイのミュージカル『ライオンキング』では、俳優の「カラー」といった外見的な特徴の違いに対する特別な配慮が必要とされていた。しかし、主にアジア系俳優で構成されている劇団四季では、その必要性が弱まった代わりに、俳優の名前や台詞の訛りなどといった、非外見的な違いに対する新たな配慮が必要とされている。劇団四季が直面したこの新たな人種問題は、日本風の芸名や母音法の習得など、アジア系外国人を日本人俳優と同化させる「日本化」の試みによって隠蔽されてきた。

こうした「日本化」によって、アジア系外国人俳優たちは「日本人的存在」へと姿を変えるわけだが、実は、ミュージカル『ライオンキング』の悪役であるスカーというキャラクター自体にも、「日本人的存在」への迎合が見られる。二〇一〇年、劇団四季はプロモーションの一環として、「ライオンキング　ウェブシアター」全五話をYouTubeや公演ウェブサイトに公開している。これまでも劇団四季の多くのプロモーション映像を制作してきた英勉《はなぶさつとむ》が監督を務めたこのウェブシアターは、ミュージカル『ライオンキング』のキャラクターたちが、日本の日常の中で暮らすという、ストーリー仕立ての内容であった。英が所属する東北新社が発行した「News Release」には、「『ライオンキング』をより幅広い層から身近に感じてもらうため、今回、劇団四季初めての試みとして、中学校や屋台のおでん屋といった日常の生活シーンに同作品のキャラクターが登場するウェブ用パロディードラマ」を制作したとの説明があり、日本の日常に作品を溶け込ませることで、ミュージカル『ライオンキング』の「日本化」が試みられている[18]。

なかでも、日本の日常への同化が見られるのが、五話「屋台のおでん」だ。劇中そのままの格好をしたスカー、スーツ姿のサラリーマン、そしておでん屋台の店主の三人が登場するこの第五話では、おでんの屋台にやってきたスカーが、店主や居合わせたサラリーマンに向かって、ナンバーワンになりたかったと愚痴をこぼす。次に示すのは、第五話の台詞を書き起こしたものであり[19]、傍線はミュージカルでも実際に登場する台詞である。

第五話「屋台のおでん」

（おでん屋台にスカーとサラリーマンが横並びで座っている。おでん鍋を挟んで向かい側には店主がいる。ミュージカル・ナンバー「シャドウランド」が流れている。）

サラリーマン：ちくわください。

店主：これ、えー、これうまいよー、えー、はいどうぞ。（ちくわを乗せた皿を渡す）

サラリーマン：（受け取って）はい。

スカー：（ちくわを凝視して）あああー、はあーあ、ははー、やんなっちゃうなあー。

店主：ねぇ旦那、ほどほどに。
スカー：俺様ですか？　くはー。ははは。（サラリーマンに向かって）おでん屋のおやじに言われてしまった。（笑い声をあげる）この俺様が。（ライオンのマスクをおでん鍋の近くまでせり出させる）
店主：ちょちょちょ、近い近い。頼んますよ。
スカー：（マスクをもとに戻して）言いたくもなりますよ。（サラリーマンのちくわが乗った皿を奪う）
店主：ああ、ちょっと、それ。
スカー：（サラリーマンにちくわを取り返されて）これは失礼。俺はずうっとナンバーツーですよ、ナンバーツー。ナンバーワンになりたい。ナンバーワンはもうほんと、王様だもん。（サラリーマンに向かって）そう、ワンマン。（笑い声をあげる）俺もナンバーワンになりたい。俺も王様になりたい！……あ、オンリーワンよりナンバーワン！　ハハハハハハハ。（店主に向かってマスクをせり出させて）聞いてます？
店主：ちょっちょっちょ、近いです近いです。（スカーがマスクをもとに戻す）頼みますよ。
スカー：でもね、頑張って、頑張って、我慢して、頑張って、俺もいよいよ王様だ！と思ったらなんだと思います？　息子に王の座を譲る。くあーっははは、人生は不公平だ、そうは思わないかね。（マスクを前にせり出させる）
店主：おっと、近い近い。

スカー：（マスクを戻して）俺なんてリストラですよ、リストラ。で、そのガキっていうのがシンバっていうんですけどね、お気楽者のガキ。ガキのくせにもう許嫁がいる。それも美人。ハハハハハ、俺なんてこの歳で独りぼっちですよ。ハハハ、独身。リストラ。痛い、うう、つらい、痛い！（悶え、マスクを前にせり出させる）

店主：近いですよ。（スカーのマスクがもとに戻る）ね、旦那。寂しいですね。

スカー：（頷いて）です。（サラリーマンの皿を引き寄せる）

店主：あ、それ、それそれ……

サラリーマン：だから、それは俺んだって。（皿を取り返す）

スカー：これは失礼。あのう、すじ……

店主：すじ？

（著者による書き起こし）

傍線を引いたスカーの台詞は、ミュージカル版で彼が初めて登場する場面、すなわち、シンバの誕生によって王位継承第一位から転落し、シンバの誕生を祝う式典をわざと欠席している際に、スカーが言う台詞である。ウェブシアターの中のスカーは、ナンバーワンになるために必死に頑張ってきたが、後継者が現れたことにより「リストラ」されてしまったのだと語っている。この時、王座を狙いながらもシンバの誕生によってその野望が砕かれるミュージカルのスカーの姿と、社長を目指して頑張ってきたものの、社長の息子にその座を奪われ、自身は「リストラ」されてしまった日本のサラリーマンの姿が重なっている。さらに、ミュージカル版のスカーは孤独に耐えかねてヒロインのナラを手に入れ、子孫を残そうと考えるのだが、ウェブシアターのスカーも自身は「この歳で独りぼっち」の「独身」だと嘆いており、ミュージカル版との繋がりが強調されている。つまり、このウェブシアターでは、スカーと日本のサラリーマンとの同化が積極的に行なわれているのだ。

もともとはブロードウェイで作られたスカーのキャラクター像を劇団四季が新たに創造し直したこの手法に、二次創作との類似性を指摘した川村明日香は、物語の発信者が日本の劇団四季になることで、『ライオンキング』が「アメリカ人が発信する物語を日本人が正確に翻訳したもの」から、「日本人が発信する物語」へと変化したと述べている。[20] 川村の主張どおり、ウェブシアター「屋台のおでん」では、ミュージカル『ライオンキング』の「日本化」が行なわれているのだが、ここでスカーを演じている俳優こそ、金森勝（キム・スンラ）その人であったことを鑑みると、スカーという悪役を「日本化」することが特別な意味をもつことが明らかになっていくだろう。というのも、ウェブシアターの中で自ら日本の日常に馴染もうとするキャラクターは、スカーの他にはいないからだ。

◉日本の日常に反発するシンバとムファサ

ウェブシアターの第一話から第四話までは、ライオンの王子であるシンバが通う日本の中学校が舞台になっている。これらのウェブシアターでは、第五話「屋台のおでん」と同様に、ミュージカル版のストーリーや台詞、音楽などが取り入れられているのだが、そこに登場するシンバや父ムファサのキャラクター像は、決して日本の日常に馴染むことはない。

たとえば、第一話「ホームルーム」では、シンバは学校の飼育室のシマウマを食べてしまった、日常ではありえない生徒として描かれている他[21]、第四話「三者面談」では、進路希望調査に「王様」と書いたシンバと、それを聞いて喜ぶムファサ、高校への進学を勧める担任教師が登場し、両者の話は全く噛み合っていない[22]。

次の引用は、第四話「三者面談」の台詞の一部を書き起こしたものであり、傍線部はミュージカルでも実際に登場する台詞である。

第四話「三者面談」

先生：ちょっとお父さん！　可笑しいでしょう、王様って。いないでしょう？　日本に王様！

ムファサ：どうなんだシンバ？

シンバ：早く王様になりたい！

ムファサ：その線でよろしく！

先生：どの線ですか！　だから、王様になりたいっつって、なれないでしょう！

ムファサ：確かに。

先生：でしょう！

ムファサ：まず威厳が必要だ。（ミュージカル・ナンバー「キング・オブ・プライドロック」の一節が流れ始める）生きとし生けるもの全ての尊敬を得ねばならぬ。

先生：違う！（音楽が止まる）心得じゃなくて！　いないの、王様は！

ムファサ：（きょとんとして首をかしげる）

先生：（ため息をついて頭を抱える）はは、シンバ、まずは、高校には行こうな。

シンバ：いやだ！（再び「キング・オブ・プライドロック」の一節が流れ始める）僕はプライドロックの王様になるんだ！

ムファサ：そうか！（シンバと声を出して笑い合う）

先生：お父さん！

このように、日本に王様はいないという教師の声は、ミュージカル『ライオンキング』の世界観を貫く親子には届かない。ウェブシアターに登場するシンバとムファサは、あくまでもミュージカルでのキャラクター像を保持しており、日本の日常生活の中に存在してはいるものの、その中に溶け込もうとはしないのである。つまり、シンバやムファサは、ミュージカル『ライオンキング』の世界観を日本の日常のシーンに無理やり持ち込むことで、自身を「日本化」するどころか、逆に日本の日常を「ライオンキング化」しようとするのであり、結果的に不適合を引き起こしてしまう。この時、シンバを演じている田中彰孝、ムファサを演じている深水彰彦は日本人俳優であることにも触れておきたい。

6 レプリカ公演の新たな「葛藤」

ウェブシアターにおいて、シンバやムファサはあくまでもミュージカル『ライオンキング』の世界観を貫こうとするが、スカーは「リストラ」などといったミュージカルの世界観にそぐわない言葉を発し、自身の境遇をサラリーマンと同化することで、積極的に日本の日常へと溶け込もうとする。このことからは、劇団四季が、特に悪役であるスカーに限っては、彼を「日本人的存在」として強調して描いていることが浮かび上がる。

多人種で構成されたブロードウェイ版の『ライオンキング』では、俳優間の人種の違いを一目で明らかにしてしまう肌の色は、殊更配慮すべき要素であった。そのために演出家のテイモアは、シンバやムファサといったアフリカ系俳優が演じる役には俳優自身の「カラー」を強調する演出を施しつつ、白人俳優が演じることが通例であるスカーには、俳優自身の「カラー」を隠すようなメイクを施すことで、俳優の肌の色による対立構造を避けようとしていた。ところが、こうした人種の対立構造を避けるための配慮は、日本での輸入上演において全く異なる機能を果たすこととなる。劇団四季がミュージカル『ライオンキング』の上演を開始した当初、俳優の「カラー」をそのまま提示したシンバやムファサとは対極に、人工的な茶褐色の「カラー」をもった悪役スカーのメイクは、群れの中の異分子という彼のアイデンティティを視覚的に表すという新しい役目へと変容した。この時、ライオンたちの「カラー」の違いが、人種の対立と切り離されていたのは、シンバもスカーも同じ日本人俳優が演じているという前提があったからだった。しかし、劇団四季の「アジア化」によって、その前提を覆すアジア系外国人俳優の演じるスカーが現れた時、彼のメイクは俳優の人種の違いを視覚的に強調するという、本来の意図とは正反対の効果を生み出す危険性をはらんでしまったのである。だからこそ、スカーは自らを「日本化」させることで、俳優の人種を覆い隠す、「日本人的存在」となる必要があるのだ。

劇団四季は、アジア進出やアジア系外国人俳優の起用によって自らの「アジア化」を進める一方で、彼らに日本風の芸名を与え、その訛りを母音法によって消し去り、アジアの「日本化」をも同時に行なってきた。こうした相反する動きには、帝国主義的な支配思想を指摘せざるを得ないが、ミュージカル『ライオンキング』のスカーが「日本人的存在」となることで人種問題の表面化を抑え込んでいたように、劇団四季自体もまた、アジア系外国人俳優を「日本化」することで、人種問題の回避を図ってきたとも捉えられる。

日本の「国際化」に伴って、劇団四季はその上演形式をノン・レプリカからレプリカへと移行したが、ブロードウェイ・ミュージカルが抱えていた人種に関する「葛藤」が浮き彫りとなったのは、劇団四季が「アジア化」によって多様性を得た後のことであった。つまり、劇団四季によるミュージカル『ライオンキング』の上演は、オリジナルの演出意図と問題意識を理解することの困難さと、結局は作品の表層を再現することしかできないというレプリカ形式の新たな課題をあらわにする。だが、たとえそれが完璧な再現ではなかったとしても、これまでのノンレプリカ形式では気づくことさえ叶わなかったオリジナルの「葛藤」を持ち込んだことは、日本のミュージカル受容史における大きな一歩といえるだろう。

註

（1）松島まり乃「『ライオンキング』に日・中・韓の『アジアン・パワー』が漲るまで」『ライオンキング』公演プログラム、劇団四季編集部、二〇一一年、四十五頁。

（2）「韓国俳優の爆発力、日本は到底ついていけない」『中央日報』二〇〇九年七月十四日〈https://japanese.joins.com/jarticle/117892?ref=mobile〉

（3）野村進『島国チャイニーズ』講談社、二〇一一年、十五頁。

（4）「頓挫した劇団四季の韓国進出」『東洋経済新聞』二〇〇四年、九月十七日。〈http://www.toyo-keizai.co.jp/news/hosenka/2004/post_1844.php〉

（5）「劇団四季韓国公演が閉幕　4億円赤字も『大きな意味あった』」『朝日新聞』二〇〇七年十一月二十八日。〈https://www.asahi.com/culture/stage/theater/TKY200711280214.html〉

(6)同右。

(7)浅利慶太、根本長兵衛、諏訪正人「今、新劇界がかかえている問題点はなにか」新劇団協議会三十年史編集委員会編『劇団・戦後のあゆみ――新劇団協議会三十年史』新劇団協議会、一九八六年、七十八頁。

(8)石倉洋子『戦略シフト』東洋経済新聞社、二〇〇九年、二三三頁。

(9)リリアン・テルミ・ハタノ『マイノリティの名前はどのように扱われているのか――日本の公立学校におけるニューカマーの場合』ひつじ書房、二〇〇九年、一八四頁。

(10)金泰泳『アイデンティティ・ポリティクスを超えて――在日朝鮮人のエスニシティ』世界思想社、一九九九年、一八二頁。

(11)薮田直子「在日外国人教育の課題と可能性――『本名を呼び名のる実践』の応用をめぐって」『教育社会学研究』第九十二集、二〇一三年、二一四頁。

(12)劇団四季に所属するアジア系外国人俳優に対する誹謗中傷はネット上でも数多く散見される。

(13)野村、十七―十八頁。

(14)浅利慶太『時の光の中で――劇団四季主宰者の戦後史』文藝春秋、二〇〇九年、一三七頁。

(15)劇団四季でスカー役を演じていた期間は芸名が金森勝だったため、その表記に従う。

(16)金すんら「浅利慶太氏の訃報に接して」『Ameba ブログ』二〇一八年七月十八日。〈https://ameblo.jp/kimsungrak/entry-12391720432.html〉

(17)同右。

(18)TFC東北新社『NEWS RELEASE』No.201002、株式会社東北新社、二〇一〇年三月二十三日〈https://www.tfc.co.jp/tfc/images/2010/03/20100323105355.pdf〉

(19)shikichannel「劇団四季『ライオンキング』第五話 屋台のおでん」YouTube、二〇一〇年二月十八日〈https://

www.youtube.com/watch?v=fDf7MNJs8u0〉参照。

（20）川村明日香「ディズニーにおける物語の循環システム——アダプテーション、トランステクスト性、ハイパーリアル」大阪大学大学院言語文化研究科言語文化専攻博士論文、二〇二〇年、八十四頁。

（21）shikichannel「劇団四季『ライオンキング』第一話 ホームルーム」YouTube、二〇一〇年二月十八日〈https://www.youtube.com/watch?v=9VaNXMZA4po〉

（22）shikichannel「劇団四季『ライオンキング』第四話 三者面談」YouTube、二〇一〇年二月十八日〈https://www.youtube.com/watch?v=bsZgB4fTWsM〉

第6章 宝塚歌劇のノンレプリカ公演における主人公の交代
――ブロードウェイ・ミュージカル『アナスタシア』の変容

1　宝塚歌劇とブロードウェイ・ミュージカル

◉男役トップスターの確立

宝塚歌劇団は、一九一四年に創立されたミュージカルとレビューを興行の主軸とする劇団である。一九二七年に、「日本に於ける最初のレヴュー上演」といわれる『モン・パリ』を上演し、日本でのレビュー制作上演の先駆者となった他、(1)一九五一年には、宝塚初の一本物（二幕構成）であるグランド・レビュー『虞美人』を上演して好評を博し、以降は本格的な歌劇の制作にも乗り出している[2]。

出演者が女性のみで構成される宝塚歌劇団には、男性を演じる男役と女性を演じる娘役がおり、彼女たちは劇団内の五つの組（と専科）に分かれて公演を行なっている。各組には、本拠地の宝塚大劇場と日比谷の東京宝塚劇場における定期公演（本公演）で主演を務める、男役トップスターが一名ずつ在籍し、組内にはこの男役トップスターを頂点として、その相手役を務めるトップ娘役、敵役などの重要な役を演じる二番手男役という具合に、スターの序列が存在する。ミュージカルやレビューではこの序列に従って、それぞれの俳優の役どころ、出番の多さ、立ち位置、衣裳の豪華さなどが決められていく。

男役トップスターの存在が確立されたのは、一九七四年八月に初演された、池田理代子原作の同名漫画のミュージカル化『ベルサイユのばら』からだというのが、宝塚歌劇団による公式見解である[3]。また、ジェンダーを研究する荻野美穂は、八〇年代には「一つの組に主演男役と主演娘役が一人ずつ存在する『主演コンビ制』が全組で定着」したと分析している[4]。もちろん、これ以前にも男役トップスターやトップ娘役のような役割を果たしていた者はいたのだが、宝塚歌劇団が男役トップスターの存在を公に認め、自ら精査することで、今日のような宝塚歌劇独特の興行形態が成立したのだった。

宝塚歌劇で組のプロデューサーや総支配人を歴任した森下信雄は、こうした興行形態について、

「宝塚歌劇では組単位の『スターシステム』を取るので、入団、退団、組替え（移籍）以外では基本的に同じメンバー構成で組ごとの作品が制作されていく」と解説する。(5) 一般的に、スターシステムは人気俳優を主演に起用し、さらにその俳優ありきで公演を制作する興行形態を指すが、男役トップスターが常に主演を務める宝塚歌劇では、主演俳優に合わせた作品の選出や制作が容易であり、森下のいう「組単位の『スターシステム』」が成立しているのだ。

◉レプリカからノンレプリカへ

宝塚歌劇団による海外ミュージカルの輸入は、一九六七年七月に上演されたブロードウェイ・ミュージカル『オクラホマ！』から始まった。以降、一九六八年にはブロードウェイ・ミュージカル『ウェストサイド物語』（宝塚初演時の演題）を、一九六九年にはブロードウェイ・ミュージカル『回転木馬』（*Carousel*、一九四五年ブロードウェイ初演）を上演しているのだが、注目すべきことに、これら全ての輸入上演で、演出や振付に海外から招いたスタッフが起用されている。

既に検討してきたように、一九六〇年代には東宝の菊田一夫や劇団四季の浅利慶太らもブロードウェイ・ミュージカルを中心とした海外ミュージカルの輸入上演を開始していた。しかし、それらの上演は、脚本と音楽はオリジナルを踏襲しつつも、演出や振付などは日本人スタッフによって新たにつけ直す、ノンレプリカ形式によるものであった。劇団四季が現地から演出家を招いたレプリカ形式を実現するのは、一九八六年のウエストエンド・ミュージカル『オペラ座の怪人』の輸入上演からであったことを鑑みても、宝塚歌劇による初期の海外ミュージカル上演の試みが、かなり先駆的であったことがうかがえる。ところが、一九七四年十月に上演したブロードウェイ・ミュージカル『ブリガドーン』（*Brigadoon*、一九四七年ブロードウェイ初演）以降、宝塚歌劇は海外ミュージカルを日本人スタッフの演出によって作り直すノンレプリカへと、その輸入形式を一転する。

男役トップスターが確立されるきっかけとなったミュージカル『ベルサイユのばら』は、ブロードウェイ・ミュージカル『ブリガドーン』が上演される約二ヶ月前に上演が始まった。上演組や内容を変えながら約二年間、断続的に公演を続けた同作は、その二年間だけでも約一四〇万人の観客動員を記録し、「空前の大ブーム」を巻き起こしている。(6) また、一九七七年三月に制作上演されたミュージカル『風と共に去りぬ』も、これに劣らぬヒット作となったことで、宝塚歌劇はブロードウェイ・ミュージカルの輸入上演から距離を置き、オリジナル・ミュージカルの制作に傾倒していった。男役トップスターが確立され、組ごとのスターの序列が明確になりだした当時の宝塚歌劇にとって、制約の多い海外ミュージカルのレプリカ公演は不都合が多かったことも、敬遠された要因の一つだろう。

本公演での海外ミュージカル上演は、一九八四年十一月のブロードウェイ・ミュージカル『ガイズ&ドールズ』（*Guys & Dolls*、一九五〇年ブロードウェイ初演）から再開された。ミュージカル『ブリガドーン』から十年の時を経て上演された本作は、演出や振付だけでなく、脚本や音楽にも日本人スタッフの手が加えられている。以降、宝塚歌劇では全ての海外ミュージカルがノンレプリカ形式で上演され、脚色、潤色、編曲も日本人スタッフによって行なわれることとなった(7)。先駆的なレプリカ形式での輸入上演からノンレプリカ形式への移行は、東宝や劇団四季の実践とは逆行するものであり、本場の忠実な再現よりも「組単位の『スターシステム』」を優先する劇団の姿勢がうかがえる。そして、時にこのスターシステムは、海外ミュージカルの主人公を挿げ替えてしまう事態さえも引き起こしていく。

2　ウィーン・ミュージカル『エリザベート』の前例

宝塚歌劇団のスターシステムは、男役トップスターが主人公を演じることを前提とするため、まれな例外はあるものの、上演作品の主人公は必然的に男性キャラクターである必要がある。オリジナル・ミュージカルであれば、あらかじめ男性を主人公にして脚本を制作したり、男性が主人公の作品を原作として選出したりすれば良いだけなのだが、これが海外ミュージカルの輸入となれば、話はそう簡単ではない。つまり、女性が主人公の海外ミュージカルを輸入する際、宝塚歌劇団は、他の男性キャラクターを新しい主人公として作り直す必要性に迫られるのである。

たとえば、一九九六年二月に宝塚歌劇によって日本上演が開始されたウィーン・ミュージカル『エリザベート』（*Elisabeth*、一九九二年ウィーン初演）では、オーストリア皇后エリザベートから黄泉の帝王であるトートへと、主人公が交代された。これに伴い、男役トップスターが演じるトートはウィーン版よりも出番が増加し、新曲も追加されるなど、演出面だけでなく脚本や音楽面においても大きな変更が加えられることとなった[8]。また、川崎賢子は著書『宝塚というユートピア』の中で、「宝塚版は、トートに男役トップスターをあてるというキャスティングのため、トートはタイトルロールのエリザベートよりも主役らしく耽美的、官能的に造形され」ていると述べ[9]、宝塚版のトートが男役トップスターに相応しい外見をもつキャラクターであることを指摘する。そして、「美貌のエリザベートをめぐって、地上の皇帝フランツ・ヨーゼフと、黄泉の帝王トートが愛を争うという関係性が前面に出されている」とも述べ、宝塚版の『エリザベート』が恋愛にフォーカスされた宝塚歌劇らしい作品になっていることにも言及する[10]。

ミュージカル『エリザベート』の日本受容について検討した鈴木国男は、宝塚初演の契約当時、オリジナルの作詞・脚本を務めたミヒャエル・クンツェが宝塚版の改変されたストーリーを認めず、日本版演出・潤色を担当した演出家の小池修一郎と激論を交わしていたことに触れる[11]。ウィーン版が所有していた作品の骨組みが、「エリザベートの人生と死を描くことによりハプスブルクの没落、すなわち一つの世界の崩壊を表現し、それこそが中央ヨーロッパの解放につながった」という訴えにあったと述べた鈴木は、クンツェと小池の激論について、「少なくとも、そうしたテーマが見失われるような改変に、作者が同意できないのは当然のことである」との見解を示している[12]。すなわち、ウィーン版では、物語の最後に訪れるエリザベートの死は「中央ヨーロッパの解放」を表していたのだが、宝塚版では、前述したようにエリザベートをめぐる恋の三角関係が前景化されており、彼女の死は男役トップスター演じるトートの愛の成就を表すものへと変化していたのだ。

トップ娘役がエリザベートを、二番手男役が皇帝フランツを演じることが通例とされる宝塚版では、こうしたテーマの変更によって、男役トップスターと二番手男役によるトップ娘役をめぐる争いと、男役トップスターとトップ娘役の愛の成就という構造が生み出され、ミュージカル『エリザベート』という作品自体が再解釈されている。つまり、宝塚歌劇団による海外ミュージカルの受容では、時に演出、脚本、音楽、衣裳面だけでなく、作品のテーマさえも変えてしまうような大規模な変容が起こっているのであり、主題はそのままに「ブロンディからサザエさんへ」変えることを目的とした従来のノンレプリカ形式による受容とは全く異なる再創造が行なわれているのだ。

そして、主人公の交代に伴う主題の読み替えは、二〇二〇年に上演されたブロードウェイ・ミュージカル『アナスタシア』でもまた、引き起こされている。

3　宝塚版『アナスタシア』の主人公交代

◉アーニャからディミトリへ

ブロードウェイ・ミュージカル『アナスタシア』（*Anastasia*、二〇一七年ブロードウェイ初演）は、一九九七年に20世紀フォックスが公開した同名アニメーション映画の舞台化であり(13)、物語はロマノフ王朝最後の皇帝ニコライ二世の第四皇女であるアナスタシア・ニコラエヴナの生存説をめぐる「アナスタシア伝説」を題材にしている。

原作であるアニメーション版では、悪役の魔術師ラスプーチンの呪いによってロシア革命が起き、幼いアナスタシアは宮殿から脱出する際に強く頭を打って記憶を失ってしまう。十年後、孤児のアーニャとなったアナスタシアは家族を探す旅に出るが、そこへ詐欺師のディミトリが現れ、本物の皇女とは知らぬまま、彼女をアナスタシアに仕立て上げようと画策する。ディミトリの目的は、アナスタシアの祖母であるマリー皇太后から懸賞金を騙し取ることだった。一行は皇太后の住むパリを目指すが、途中何度も、ラスプーチンの闇の魔術による妨害を受ける。やっとのことでパリへとたどり着いたアーニャは、遂に自分が本物のアナスタシア皇女であることを知る。しかし、恋心を抱くディミトリが自分を利用しようとしていたことにも気がついてしまう。

ミュージカル版では悪役のラスプーチンに代わり、アナスタシアの暗殺命令を受けたボリシェビキのグレブというオリジナル・キャラクターが登場し、呪いや魔術などといったファンタジーの要素はすっかり取り除かれている。だが、物語の大筋はアニメーション版と同様であり、恋に落ちたアーニャとディミトリは地位や懸賞金よりもお互いを選び、物語はハッピーエンドを迎える。日本では宝塚歌劇団に先駆けて、二〇二〇年三月に梅田芸術劇場の主催で上演され、その際には脚本、音楽はもちろん、演出や衣裳、プロジェクションマッピングを駆使した舞台美術に至るまで、オリジナルであるブロードウェイ版を踏襲したレプリカ形式が採用された。これに対し、同年十一月に宝塚歌劇団の宙組によって上演されたノンレプリカ公演では、男役トップスターが主役を演じるという制約に従って、主人公は女性のアーニャ／アナスタシアから男性のディミトリに交代され、物語も男役トップスターが演じるディミトリを中心としたものへと再構成されることとなった。

◉音楽の変更点

宝塚版『アナスタシア』では、ディミトリを主人公に相応しい役どころにするため、彼の新しいソロ・ナンバーである“She Walks In”が、ブロードウェイ版のオリジナル・スタッフの手によって書き下ろされている。また、本来はアーニャのソロ・ナンバーだった“Once Upon a December”と“Journey to the Past”が、ディミトリとアーニャ二人のデュエット・ナンバーへと編曲された。

“Once Upon a December”は、幼い頃に祖母のマリア皇太后（ミュージカル版では「マリア」表記）から贈られたオルゴールを、記憶を失ったアーニャが再び手にした場面で歌われる楽曲であり、アーニャは皇女としての記憶を断片的に蘇らせ、舞台面はネヴァ河畔から宮殿の舞踏会へと一気に様変わりする。ブロードウェイ版では、皇族の亡霊が躍る中、舞台中央で歌い続けるアーニャを、ディミトリは上手《かみて》の端で見守っており、観客には終始背を向けている。この時、ディミトリはアーニャの記憶を垣間見る観客と同等の存在にすぎない。しかし、デュエット・ナンバーとなった宝塚版では、ディミトリは「夢を見てるのか」と歌いながら舞台上を動き回り、皇族の亡霊たちと踊るアーニャを見つめている。[14] さらに、「君の記憶に迷い込んだからか、俺の記憶も色づき出す」と歌うディミトリは、今度はアーニャではなく自らの記憶にも思いを馳せる。[15] この歌詞をきっかけに皇族の亡霊たちは姿を消していき、舞台に残ったディミトリとアーニャはナンバーを歌い続ける。この直前に、ディミトリは自身のソロ・ナンバーの一つである"My Petersburg"を歌うことで自分の過去をアーニャに明かしており、「俺の記憶」という歌詞から、観客は容易にその内容を想像することができる。

また、"Journey to the Past"は、アーニャたちが皇太后の住むパリへとたどり着いた第一幕のラストで歌われる楽曲である。ブロードウェイ版では、アーニャは舞台上で一人きりになり、失った記憶と家族を取り戻すことに対する期待を歌い上げる。ところが、宝塚版ではディミトリのソロから始まり、アーニャは遅れて登場し、後からナンバーに加わる。さらに、後述するように、宝塚版では本来の英語歌詞を跳躍するような訳詞が行なわれ、二人の未来のロマンスを予感させるものに変わっている。さらに、新曲"She Walks In"は、アーニャが皇女アナスタシアだと認められた後にも、リプライズとして再び歌われており、アーニャへの恋心をしまい込んで身を引こうとするディミトリの心情が吐露される場面が追加されている。

ブロードウェイ版では四曲あったアーニャのソロ・ナンバー（リプライズは含まず）は、宝塚版では一曲のみであることを鑑みても、宝塚版の主人公はアーニャからディミトリへと完全に明け渡されていることがわかるだろう。

◉衣裳の変更点

宝塚版『アナスタシア』の衣裳は、河底美由紀によって新しくデザインし直され、特にディミトリの衣裳には多くの変更が見られる。ブロードウェイ版の美術を担当したアレクサンダー・ドッジ（Alexander Dodge）は、プロモーション映像の中で、共産主義の色濃い当時のロシアを表現するため、第一幕のサンクトペテルブルクは「華やかでない、暗めの色調」で舞台面を描いたと語っている。(16) 幼い頃に両親を亡くし、生き残るために盗みや詐欺などを働いてきたディミトリは、ブロードウェイ版では暗い街に馴染む地味な衣裳を身に着けている。第一幕でディミトリがアンサンブルと共に歌う“A Rumor In St. Petersburg”で、彼はグレーや茶色の地味な服を着ており、首元に巻いたワインレッドのスカーフがなければ、アンサンブルが演じる群衆に紛れてしまいそうなほどである。しかし、宝塚版の同場面では、ディミトリは宙組男役トップスター真風涼帆《まかぜすずほ》の一七五センチの長身を強調するような、光沢のある深緑のロングコートを着ており、あえて他のアンサンブルとの差別化がはかられている。

劇中、街のゴロツキたちが皇女アナスタシアを探すディミトリを「ペテルブルクのプリンス」と呼んでからかうシーンがあるのだが、ゴロツキと変わらない衣裳を着たブロードウェイ版のディミトリにとっても、これは紛れもない皮肉であった。彼はその後に歌われるソロ・ナンバー“My Petersburg”の中で、生き残るためにずる賢く立ち回ってきた自身のことを「ロシアのねずみ」と表現し、自分が夢物語の中の王子ではないことを強調する。(17) しかし、ゴロツキたちとは全く異なる清潔で紳士的ないでたちをした宝塚版のディミトリは、まるで王子そのものに見えるのだ。

こうしたブロードウェイ版と宝塚版における衣裳の違いは、スターの序列によって衣裳の豪華さまでもが決まる宝塚歌劇のスターシステムによって生み出されている。宝塚歌劇では男役トップスターは誰よりも目立つ存在でなければならず、それがたとえ「ロシアのねずみ」と自称するような詐欺師の役であっても、まるで王子のように美しく洗練されている必要がある。こうした衣裳の変更によって、ディミトリというキャラクターはただの貧しい詐欺師から、男役トップスターが演じるに足る役に再創造され、演じている俳優自身がより可視化されることとなる。つまり、宝塚版のディミトリは常に男役トップスターによって演じられていることを表明しながら舞台上に立ち続けているのである。

4 「当て書き」による悪役の変容

◉悪役は誰の敵か

宝塚版『アナスタシア』では、男役トップスターが演じるディミトリの音楽性や衣裳を変更することで、ディミトリが主人公へと押し上げられている。しかしその一方で、ミュージカルのオリジナル・キャラクターであり、悪役の役割を担うボリシェビキの副総監グレブは、アイデンティティの危機に瀕することとなった。

アニメーション版の悪役であった魔術師ラスプーチンは、その邪悪な魔術によってロマノフ王朝を滅ぼし、生き残ったアーニャの命も執拗に狙う。危機に見舞われたアーニャを救うのはいつもディミトリであり、物語の終盤で、アナスタシアとしての記憶を取り戻したアーニャがラスプーチンとパリのアレクサンドル三世橋の上で直接対決するシーンでも、ディミトリは颯爽と登場しアーニャに加勢する。物語の中では、アーニャとディミトリ対ラスプーチンという構図が何度も登場し、ラスプーチンは主人公アーニャにとってはもちろん、彼女を利用し、さらには恋心を抱いているディミトリにとっても、紛れもない悪役として存在している。

一方、ミュージカル版の悪役であるグレブは、闇の魔術などとは無縁の男であり、もし皇女アナスタシアが生き残っているのならば、彼女を殺さなければならないという使命を背負っている。だが同時に、彼はアーニャに心惹かれており、彼女を気遣い、時には彼女を守ろうと忠告を与える。そして、パリで皇女アナスタシアとしての記憶を蘇らせたアーニャと対峙した際も、遂に銃の引き金を引くことはできずソビエトへ戻っていく。この対決の場にディミトリは現れず、アニメーション版のような構図も生まれることはない。つまり、グレブはあくまでもアーニャにとっての敵として創造されたキャラクターであった。

グレブというキャラクターの重要性は演じる俳優からも見て取ることができ、ブロードウェイ版ではミュージカル『オペラ座の怪人』や『レ・ミゼラブル』で主演を演じて人気を得たラミン・カリムルー（Ramin Karimloo）がオリジナル・キャストを務めている。また、梅田芸術劇場主催の日本初演ではテレビでの知名度も高い俳優の山本耕史や、CHEMISTRY のメンバーで歌手の堂珍嘉邦らが抜擢されている。

宝塚版でも、グレブは二番手男役によって演じられており、序列に従った順当な配役だったといえる。しかし、ここで問題となったのは、アーニャからディミトリへと主人公が変わったことにより、グレブが「主人公の敵」というポジションを失ってしまったことである。『アナスタシア』と同じく、主人公が女性から男性へと変更されたミュージカル『エリザベート』では、男役トップスターの演じる黄泉の帝王トートと、二番手男役が演じることが通例となっているオーストリア皇帝フランツの直接的な交流は少ないが、エリザベートの愛をめぐって激しく言い争う場面もあり、二人は紛れもない恋のライバルとして描かれている。これに対し、あくまでもアーニャの脅威であるグレブは、ディミトリとは一度も顔を合わせず、劇中では言葉を交わすことさえない。こうして、宝塚版のグレブは、「主人公の敵」という重要なアイデンティティを失ってしまったのである。

◉俳優の存在を透かすアドリブ

主人公という男役トップスターに相応しい立場を確立したディミトリとは対照的に、「主人公の敵」というアイデンティティを失い、二番手男役としての見せ場に欠けてしまったグレブのために、宝塚版『アナスタシア』の潤色・演出を担当した稲葉太地は、俳優の特性に合わせてグレブの見せ場を作るという解決策を講じた。

　第一幕で、皇女アナスタシアかもしれない娘がいると聞いたグレブは、アーニャを政府事務所の自分の部屋へと呼びだす。この時、アーニャが以前から気にかけていた少女だと気づいたグレブは、彼女からの印象を挽回しようと冗談を言う。ブロードウェイ版では、グレブはここで"I have a sense of humor."と言い、二人の間には気まずい空気が流れるのだが、宝塚版ではこの冗談はグレブを演じた二番手男役の芹香斗亜《せりかとあ》のアドリブに任された。約三ヶ月の公演期間の中で芹香は様々なアドリブを披露し、東京宝塚劇場での最終公演では、「千秋楽」と書かれた紙を手に舞台上をスキップで行き来し、観客にとびきりの笑顔を向けている[18]。芹香はこれまでの公演でもアドリブの場面を与えられてきた俳優であり[19]、演出家の稲葉はグレブのために新たな台詞や歌を加えるといった一般的な方法よりも、俳優自身の特性が透けて見えるアドリブという方法を選択したのだ。

　作品主義を掲げる劇団四季が、俳優に一切のアドリブを禁止しているのは、俳優自身よりも作品を優先するべきだとの考えに基づいているが、宝塚歌劇では役に俳優を透かして見る行為こそを大前提に作品が制作されている。そして、俳優の特性に合わせた「当て書き」によって、時には、登場人物の枠を越えて俳優自身が観客の前に姿を現すことも容認されているのである。宝塚歌劇団には三十名近くの演出家が在籍しており、多くの場合、彼らは自ら脚本を書く。二〇一九年に宝塚歌劇団によって上演された二十八作品（ショーやコンサート公演は除く）のうち、演出家によって書き下ろされたオリジナル・ミュージカルは二十二作品（この内十作品は小説、映画、漫画などを原作とした翻案物）にのぼり、海外ミュージカルの輸入は六作品に留まっている。「組単位の『スターシステム』」をとる宝塚歌劇団では、俳優の特性に合わせたストーリーやキャラクター作りが容易であり、現在まで頻繁に行なわれてきたのだ[20]。完全なオリジナルであれ原作をもつ翻案であれ、演出家が書いた脚本の上演を興行の主軸とする宝塚歌劇は、海外ミュージカルの輸入上演を興行の主軸とする東宝や劇団四季とは正反対の方針をとる。そして、稲葉はこの「当て書き」を部分的に採用し、宝塚版『アナスタシア』でグレブにアドリブを言わせることで、それをグレブの新たな見せ場としたのである。

5　過去への旅から未来への旅へ

本来、ブロードウェイ・ミュージカル『アナスタシア』の主題は、記憶を失った主人公アーニャが、自分が何者であるかを求めて過去をたどる旅をし、最後にはそのアイデンティティを獲得することにあった。この主題に対して『ニューヨーク・タイムズ』の演劇評論家ベン・ブラントレー（Ben Brantley）は、作中のアーニャだけではなく、ロシア革命の血なまぐささとコミカルな音楽や踊りとの間で葛藤する作品自体もまた、「深刻なアイデンティティの危機」（a serious identity crisis）に陥っていると述べ、その原因の一端をプログラムのタイトルの下に添えられた、「20世紀フォックスの映画をモチーフに」(Inspired by the 20th Century Fox motion pictures)という言葉にあると指摘する。[21] アニメーション版の悪役であるラスプーチンとその手下のコウモリであるバルトークのコミカルなやり取りは、ミュージカル版では完全に排除され[22]、代わりにボリシェビキのグレブが登場することでロシア革命のシリアスなドラマが強調された。その一方で、多くの音楽がアニメーション版から持ち越され、特に舞台をパリに移してからは、ロシアとは打って変わった陽気さが強調されたことにより、作品はアイデンティティを見失った、「多重人格障害」(multiple personality disorder)のような状態だと評価されたのである。[23] ブラントレーは、ミュージカル『アナスタシア』のアイデンティティの源ともいえる過去の作品からの脱却と踏襲が、この作品にもたらした不安定な状態を、アイデンティティの喪失に悩み、自身の過去を求めて旅をするアーニャの姿に重ねている。

しかし、アイデンティティの喪失と確立という作品の主題は、宝塚版では全く異なるものへと解釈し直された。アニメーション版から持ち越されたアーニャのソロ・ナンバー "Journey to the Past" は、忘れてしまった自分の過去と、家族に対する強い想いが示される、作品の主題を担うナンバーだった。これに対し、ディミトリとアーニャのデュエット・ナンバーへと書き換えられた宝塚版では、演出家・稲葉の訳詞によって、二人の未来のロマンスを予感させるものへと変更されている。

たとえば、ブロードウェイ版では、アーニャが歌う "Home, love, family. There was once a time I must have had them too." (「愛にあふれる家/温かい家族/私にもそんな素敵な家族があったはず」) という歌詞により[24]、かつて手にしていたはずの家、愛、家族を取り戻したいという彼女の強い気持ちが示されている。これに対し、宝塚版では、ディミトリが歌う「ホーム／ラブ／ファミリー／いつか誰もが手にした」という歌詞に変えることで、[25]楽曲の主題はアーニャの個人的な想いから離れていく。

さらに、ブロードウェイ版のアーニャは、“Back to who I was, on to find my future.”（「過去をたどって／その先の未来の世界へ」）、“Let this road be mine. Let it lead me to my past.”（「きっと私の過去が見えてくる」）、“And bring me home at last!”（「いつの日かたどり着く、愛する人の待つ家に！」）と歌うことで、未来に進むためには彼女の過去を知ること、すなわちアイデンティティを確立することが必要不可欠であると強調する。一方の宝塚版では、同箇所はディミトリとアーニャの掛け合いによって、「でも前を／向いて進む／未来のために」、「その先で／帰るべき場所」、「出会えることを」と歌われており、過去よりも未来に目を向けた言葉が連続することで、彼らの「帰るべき場所」が未来にあることが示される。

そもそもアニメーション版では、“Journey to the Past”は孤児院を出たアーニャが家族の手掛かりを探すため、パリに行くことを決意する場面で歌われており、この時、彼女はディミトリに出会ってすらいない。ミュージカルでは、ディミトリたちとなんとかロシアを抜け出し、パリにたどり着いた、一幕ラストへと歌唱位置が変更されたが、ブロードウェイ版の歌詞は、アーニャが求める“Home, love, family”が、彼女の失った過去の中にあることを暗示する。そして、アナスタシアと認められ、かつての“Home, love, family”を取り戻したアーニャは、結果的にそれを捨ててディミトリを手にするのだが、これはあくまでも、彼女が過去への旅を完了した末に獲得するべき未来であった。

ところが、宝塚版の“Journey to the Past”では、アーニャの過去への旅よりも、ディミトリとアーニャの未来、すなわちロマンスの要素が強調される。ナンバーが始まる前、ディミトリは相棒のヴラドから「彼女がアナスタシアって受け入れられたら、二度と会えないんだぞ」と声を掛けられており、アーニャへの恋心にスポットが当たっている他、ナンバー後半では、宝塚独自の編曲によってディミトリとアーニャの掛け合いやハーモニーが披露される。その後の物語で、二人が懸賞金や地位、家族よりもお互いを選び、愛の成就を迎えることを鑑みれば、ここで歌われているディミトリとアーニャの「帰るべき場所」は、お互いのことを示していると考えられるだろう。よって宝塚版では、アーニャのアイデンティティを求める過去への旅（Journey to the Past）から、ディミトリとアーニャがお互いを獲得するための未来への旅（Journey to the Future）へと、主題が変更されているのである。

6　ノンレプリカによるブロードウェイ・ミュージカルの再創造

宝塚歌劇では、男役トップスターを頂点とした「組単位の『スターシステム』」と、俳優の個性を活かす「当て書き」による作品制作が通例とされており、それが海外ミュージカルの輸入上演にも適応されている。この適応は、時にウィーン・ミュージカル『エリザベート』のような、主題の読み替えを引き起こす。それは、中央ヨーロッパの解放をエリザベートの死に重ねていたオリジナル版から、エリザベートをめぐる恋の三角関係にフォーカスすることで、エリザベートの死が男役トップスター演じるトートの愛の成就を意味することになった宝塚版への、再解釈と再創造の行為でもある。

ブロードウェイ・ミュージカル『アナスタシア』の輸入上演でも、アーニャのアイデンティティを確立するための過去への旅から、ディミトリとアーニャがお互いを獲得するための未来への旅へと、主題が読み替えられた。これらの改変は、作品の主題を日本の観客にわかりやすく伝える目的で行なわれてきた、東宝や劇団四季のノンレプリカ公演とは一線を画す。

宝塚歌劇によるこうした読み替えは、作品全体だけでなく、部分的な演出や脚本の変更などによっても頻繁に引き起こされている。ウィーン・ミュージカル『エリザベート』は、宝塚歌劇団と東宝の両者によって繰り返し再演されてきたが、宝塚版では上演ごとに男役トップスターの特性に合わせてマイナーチェンジがなされる他、東宝版では二〇一五年公演から演出や舞台美術などに大幅な変更が施された。特に黄泉の帝王トートは、宝塚版、東宝版ともに演じる俳優に合わせてメイクや衣裳、かつらの色や形を変更することでも知られており、再演の度に異なるイメージをもつトートが誕生している。たとえば、宝塚版の初演となった一九九六年雪組公演では、ノーブルな雰囲気の男役トップスター一路真輝《いちろまき》に合わせ、トートの髪型は銀一色の長髪をカールさせたシンプルなものであったが、二〇〇九年月組公演では、トップスター瀬奈じゅんの雰囲気に合わせ、銀髪に赤メッシュが加えられ、サイドを編み込んだワイルドな髪型に変わっている。また、朝夏まなとがトートを演じた二〇一六年宙組公演では、トートの髪型は一転して黒髪ストレートのロングヘアに変わっている。宝塚版、東宝版の双方で長年潤色・演出を担当してきた演出家の小池は、俳優が変わることによって、作品の「提示の仕方が変わる」と述べており[26]、ミュージカル『エリザベート』が演じる俳優に合わせて度重なる読み替えを繰り返してきたことを明かす[27]。

男役トップスターを頂点とするスターシステムに従って、俳優に合わせたキャラクター、ならびに主題の読み替えを行なってきた宝塚歌劇の海外ミュージカル輸入は、日本における海外ミュージカルの再解釈と再創造の、一つの到達点といえるだろう。

註

（1）宝塚少女歌劇団編『宝塚少女歌劇廿年史』宝塚少女歌劇団、一九三三年、一六一頁。

（2）宝塚歌劇「宝塚歌劇の歩み（1951年─1961年）」〈https://kageki.hankyu.co.jp/fun/history1951.html〉

（3）TAKARAZUKA SKY STAGE（CS放送）の番組、『トップスターの系譜♯1「花組」─前編─』（二〇〇二年九月四日初回放送）参照。

（4）荻野美穂『〈性〉の分割線——近・現代日本のジェンダーと身体』青弓社、二〇〇九年、二六六頁。
（5）森下信雄「宝塚歌劇のコミュニケーション戦略」『阪南論集』社会科学編五十五巻一号、阪南大学、二〇一九年十月、五十七頁。
（6）宝塚歌劇「宝塚歌劇の歩み（1962年—1981年）」〈https://kageki.hankyu.co.jp/fun/history1962.html〉
（7）宝塚版のミュージカル『ガイズ&ドールズ』では、宝塚所属の演出家である酒井澄夫が演出と脚色を、ミュージカル『ベルサイユのばら』の主題歌「愛あればこそ」を作曲した寺田瀧雄らが編曲しており、宝塚歌劇のスターシステムに合わせた脚本の変更や、男役トップスターが歌いやすいキーへの変更など、宝塚歌劇の独特な興行形式に合わせた翻案が必要とされた。
（8）ウィーン・ミュージカル『エリザベート』は、潤色・演出：小池修一郎、翻訳：黒崎勇、音楽監督：吉田優子、編曲：甲斐正人、鞍富真一、振付：羽山紀代美、尚すみれ、前田清実、装置：大橋泰弘、衣裳：有村淳、照明：勝柴次朗により、一九九六年二月、宝塚歌劇団の雪組で日本初演された。
（9）川崎賢子『宝塚というユートピア』岩波書店、二〇〇五年、一八六頁。
（10）同右。
（11）演出家の小池修一郎は宝塚版だけでなく、二〇〇〇年から上演が開始された東宝主催の公演でもウィーン・ミュージカル『エリザベート』の日本版演出を担当している。
（12）鈴木国男「エリザベート変容」『共立女子大学文芸学部紀要』五十八巻、共立女子大学、二〇一二年一月、六十一頁。
（13）舞台版の原作となったアニメーション映画『アナスタシア』は、一九五六年にアメリカで公開された実写映画『追想』（原題 *Anastasia*）を基にしている。
（14）宝塚歌劇宙組、ミュージカル『アナスタシア』（二〇二〇年十一月二〇日公演収録）、株式会社宝塚クリエイティブアーツ、二〇二一年参照。

(15) 同右。

(16) 梅田芸術劇場チャンネル Umeda Arts Theater「ミュージカル『アナスタシア』メイキング〈完成への道のり〉」二〇一九年九月九日〈https://www.youtube.com/watch?v=Vxpui_LD_RI〉

(17) ディミトリのソロナンバー "My Petersburg" は、梅田芸術劇場版、宝塚版ともに、高橋亜子訳詞による同じ歌詞が使用された。

(18) TAKARAZUKA SKY STAGE（CS放送）の番組、『アナスタシア（二一年宙組・東京・千秋楽）』（二〇二二年二月一三日放送）参照。

(19) 芹香斗亜は、二〇一九年四月から上演された小池修一郎の脚本・演出によるオリジナル・ミュージカル『オーシャンズ11』（同名映画の舞台化）において、アドリブが名物となっているジョンソン先生役に扮している。また、同年十一月から上演された大野拓史の脚本・演出によるオリジナル・ミュージカル『El Japón（エル ハポン）――イスパニアのサムライ』でもアドリブを披露した他、劇中では「キキちゃん」という自身の愛称が台詞として登場するなど、演じている俳優を強く意識させる演出が施されている。

(20) 宝塚歌劇の「当て書き」は、演出家によって創造されたオリジナルのキャラクターのみならず、歴史上の人物や既存の物語のキャラクターにも適用される。たとえば、二〇二一年四月から花組で上演されたオリジナル・ミュージカル『アウグストゥス――尊厳ある者』では、田渕大輔による脚本と演出で古代ローマの世界が描かれた。ローマ初代皇帝のアウグストゥスと敵対するマルクス・アントニウスという実在の人物を、それぞれ男役トップスターの柚香光《ゆずかれい》と二番手の瀬戸かずやが演じており、演出家の田渕は、アウグストゥスは柚香のもつスター性やトップスターとしての苦悩を、アントニウスは瀬戸のもつ大人の魅力を引き立たせるキャラクターにしたと語る。また、「いつも脚本を書く際は、演者一人ひとりが最も魅力的に見えるような〝当て書き〟であることを意識している」と述べ、日頃から「当て書き」を行なっていることを明かしている。(田渕大輔「演出家 田渕大輔が語る」宝塚歌劇公式ＨＰ〈https://kageki.hankyu.co.jp/revue/2021/augustus/special_003.html〉)

(21) Ben Brantley, "Review: 'Anastasia,' a Russian Princess With an Identity Crisis," *The New York Times*, April 24, 2017.〈https://www.nytimes.com/2017/04/24/theater/anastasia-review-broadway.html〉

(22) ただし、アニメーション版『アナスタシア』で悪役ラスプーチンのナンバーだった"In The Dark Of The Night"のメロディの一部は、第一幕のロシア脱出の際にアンサンブルによって合唱される"Stay, I Pray You"の中で使用されている。

(23) Brantley.

(24) ブロードウェイ版の歌詞は、アニメーション版の歌詞と同じである。括弧内はアニメーション版の日本語字幕(戸田奈津子訳)より。

(25) 宝塚歌劇『アナスタシア』公演 Blu-ray 参照。

(26) 小池修一郎「新たなジェネレーションの息吹で作り上げていく『エリザベート』」小川敦子編『「エリザベート」とクンツェ&リーヴァイの世界』日之出出版、二〇一五年、二十四頁。

(27) 宝塚版のミュージカル『エリザベート』は、トップ娘役がヒロインのエリザベートを演じることが通例になっているが、過去には二度男役がエリザベートを演じたことがある(二〇〇五年月組公演の瀬奈じゅんと二〇〇九年月組公演の凪七瑠海《なぎなるうみ》)。この際、それまでの娘役では表現できなかった力強いエリザベート像が提示された。

おわりに

本書ではまず、戦後間もない日本で蒸留されていた特異なミュージカル観を確認し、それがブロードウェイ・ミュージカルの輸入によっていかに変化し、どんな紆余曲折の末に現在の日本ミュージカル界の発展へとたどり着いたのか、演劇プロデューサー、演出家、劇団といった「翻案者」の仕事に着目することで解き明かしてきた。

各章で検討してきたように、遠い異国アメリカで生まれたミュージカルが日本へもたらされた時、翻案者たちはそれぞれが思い描く「本もの」へと、ミュージカルを作り替えてきた。秦豊吉にとってのミュージカルはその中心にレビューの華やかさがあり、菊田一夫にとってのミュージカルは何よりも芝居の骨格が重視されたように、彼らはミュージカルそのものの概念を変容させながら、自分の信じるミュージカルを日本に根づかせようと尽力していたのである。

各章で取り上げた、江戸っ子訛りでハスキーな歌声のイライザや、隈取を施したかぶき者のキリスト、ライオンたちの中でただ一人茶褐色の肌をもつスカー、そして王子様のようないでたちの詐欺師ディミトリは、皆日本で新たに解釈され、生み直された日本独自のキャラクターたちであり、こうした再創造の行為によって「日本化」されたブロードウェイ・ミュージカルは、ここ日本でしか観ることのできない、「日本のブロードウェイ・ミュージカル」へと変貌を遂げる。

たとえば、二〇一六年に日本キャストによる上演が始まったブロードウェイ・ミュージカル『ジャージー・ボーイズ』(*Jersey Boys*、二〇〇五年ブロードウェイ初演)では、[1] 挿入歌"Big Girls Don't Cry"の振付が事前に公開され、劇中のナンバーがメドレーで披露されるカーテンコールにおいて、観客も俳優たちに合わせて踊ることができるなど、ブロードウェイ版にはない試みが行なわれた。また、二〇一八年五月には世界初となるコンサート形式での上演が実現し、観客は公式グッズとして発売されたペンライトを振りながら鑑賞することができ、以降の再演でも、カーテンコールでのペンライトの使用が可能となった。近年、日本では漫画、アニメ、ゲームなどの二次元コンテンツを舞台化した二・五次元ミュージカルが数多く制作され、国内外からの人気を獲得しているが、その中には、ストーリーの枠を飛び出したコンサート形式の公演や、[2] ペンライトなどのグッズを観客が上演中に使用できる公演が存在する。[3] ミュージカル『ジャージー・ボーイズ』に、二・五次元ミュージカルへの出演経験がある俳優が多く起用されてきたことを踏まえても、二・五次元ミュージカルのカルチャーとブロードウェイ・ミュージカルとの融合が指摘できる。

これもまた、ブロードウェイ・ミュージカルの「日本化」の一例である。日本にブロードウェイ・

ミュージカルが輸入されてから六十年。「日本のブロードウェイ・ミュージカル」はこれから先も幾度となくその姿を変えながら、ここ日本で独自の発展を続けていくだろう。

なお、昨今では役者のジェンダーによらず「俳優」を使う傾向にあるが、主に一九五〇・六〇年代の出来事に言及する際は、当時の新聞記事などの呼称に合わせ、「女優」を使用しているところもある。

謝辞

本書の表紙には、ミュージカル『マイ・フェア・レディ』一九六三年初演時の記念写真を使用しました。掲載をご快諾いただいた東宝株式会社に、心より感謝申し上げます。

本書は明治大学大学院に提出した博士論文に加筆修正を加えたものです。本書の出版、ならびに本書のもととなった博士論文執筆の際、たくさんの方に支えていただきました。

恩師である波戸岡景太先生。進路で悩んでいた時、私がたまたまTA（ティーチング・アシスタント）で請け負った授業を、先生がたまたまその半年間だけ他の教員の代わりにご担当されていなければ、今の私はありません。

また、編集を担当してくださった林田こずえさん。豊富なアイディアと的確な指摘で、出版まで導いていただきました。

この他にも、ご協力いただいたすべての方にこの場を借りて深く御礼申し上げます。

最後に、この本を手に取ってくださった皆様。

ミュージカルがお好きな方やミュージカルに少しでも興味がある方に、この本を通して新しい視点を提供し、何かしらの感想をもっていただけたなら、ミュージカル研究者としてこれ程嬉しいことはありません。

この本で取り上げた「翻案者」たちは、皆自分が信じるミュージカル観をもっていました。皆様も、自分なりのミュージカル観を探し、作り上げていってくださったら。そんな時に、この本が皆様の近くにあったなら、とても喜ばしく思います。

註

（1）ブロードウェイ・ミュージカル『ジャージー・ボーイズ』は、日本キャストによる公演が開始される前の二〇一五年に、ツアー・キャストによる来日公演が行なわれている。
（2）二・五次元ミュージカル『テニスの王子様』（二〇〇三年初演）では、ストーリー形式の公演とは別に、「Dream Live」と銘打たれたコンサート形式の公演が二〇〇四年から定期的に開催されている。
（3）二・五次元ミュージカル『刀剣乱舞』（二〇一五年初演）は、第一幕がミュージカル、第二幕がライブの二部構成になっており、第二幕ではペンライトの持ち込みが許可されている。また、この他の二・五次元ミュージカルでも、カーテンコールでのペンライト使用が許可されている舞台が多い。

参考文献

『演劇界』第十一巻第五号、演劇出版社、一九五三年一月
浅利慶太「演劇の回復のために」『三田文学』四十五巻十二月号、一九五五年十二月。

――「わたしの道」『読売新聞』一九九五年十月二十三日朝刊
――「一二〇万人が見た『キャッツ』」『文藝春秋』六十五巻十号、一九八七年。

――『浅利慶太の四季　著述集1　演劇の回復のために』慶応義塾大学出版会、一九九九年。

――『浅利慶太の四季　著述集2　劇場は我が恋人』慶応義塾大学出版会、一九九九年。

――『浅利慶太の四季　著述集3　伝統と現代のはざまで』慶応義塾大学出版会、一九九九年。

――『浅利慶太の四季　著述集4　21世紀への眼差し』慶応義塾大学出版会、一九九九年。

――『時の光の中で――劇団四季主宰者の戦後史』文藝春秋、二〇〇九年。

芦津かおり「日本の『ハムレット』受容――その多様な変貌」熊本県立大学文学部『文彩』三号、二〇〇七年。

安倍寧「回想の越路吹雪――旧帝劇・ヤマハの頃」『テアトロ』四五五号、カモミール社、一九八一年。

――『劇団四季MUSICALS――浅利慶太とロイド＝ウェバー』日之出出版、一九九六年。

安西徹雄『日本のシェイクスピア一〇〇年』荒竹出版、一九八九年。

伊井春樹『宝塚歌劇から東宝へ――小林一三のアミューズメントセンター構想』ぺりかん社、二〇一九年。

石倉洋子『戦略シフト』東洋経済新聞社、二〇〇九年。

石原慎太郎「本もののための努力――菊田一夫氏に答える」『朝日新聞』一九六二年十二月二十七日朝刊。

井上理恵『菊田一夫の仕事――浅草・日比谷・宝塚』社会評論社、二〇一一年。

岩田和男・武田美保子・武田悠一『アダプテーションとは何か――文学／映画批評の理論と実践』世織書房、二〇一七年。

岩谷時子監修『写真集・越路吹雪讃歌――いまもなお歌声が……』共同通信社、一九八三年。

大笹吉雄『日本現代演劇史：昭和戦後篇1』白水社、一九九八年。

大西由紀『日本語オペラの誕生――鷗外・逍遙から浅草オペラまで』森話社、二〇一八年。

大和田俊之『アメリカ音楽史――ミンストレル・ショウ、ブルースからヒップホップまで』講談社、二〇一一年。

岡本太助「ブロードウェイ・ミュージカルにおける人種とコミュニティ」『英文学研究　支部統合号』第十三巻、日本英文学会、二〇二一年一月。

荻野美穂『〈性〉の分割線――近・現代日本のジェンダーと身体』青弓社、二〇〇九年。

尾崎宏次「ムダのないミュージカル『マイ・フェア・レディ』（東宝劇場）」『読売新聞』一九六三年九月六日夕刊。

小山内伸『ミュージカル史』中央公論社、二〇一六年。

小幡欣治『評伝　菊田一夫』岩波書店、二〇〇八年。

柏原美緒「ブロードウェイ・ミュージカル・ミュージカル《マイ・フェア・レディ》に関する一考察――イライザの演唱を探る」聖徳大学大学院音楽文化研究科修士論文要旨、二〇〇八年。

神山彰「日本演劇の近代化における異文化受容」『明治大学人文科学研究所紀要』第五十冊、二〇〇二年。

――『近代演劇の来歴――歌舞伎の「一身二生」』森話社、二〇〇六年。

川崎賢子『宝塚というユートピア』岩波書店、二〇〇五年。

河竹登志夫『日本のハムレット』南窓社、一九七二年。

――『近代演劇の展開』日本放送出版協会、一九八二年。

川村明日香「ディズニーにおける物語の循環システム――アダプテーション、トランステクスト性、ハイパーリアル」大阪大学大学院言語文化研究科言語文化専攻博士論文、二〇二〇年。

菊田一夫「小さな出来事――マイ・フェア・レディの問題」『朝日新聞』一九六二年十二月十九日朝刊。

――「毎日芸術賞を受賞して」『毎日新聞』一九六四年一月九日夕刊。

――『菊田一夫――芝居つくり四十年』日本図書センター、一九九九年。

木下順二編『日本の名随筆52――話』作品社、一九八七年。

金泰泳『アイデンティティ・ポリティクスを超えて――在日朝鮮人のエスニシティ』世界思想社、一九九九年。

倉橋健『芝居をたのしむ』南雲堂、一九九三年
劇団四季編『劇団四季半世紀の軌跡――62人の証言』日之出出版、二〇〇三年。

劇団四季編集部編『劇団四季上演記録 二〇〇四』劇団四季編集部、二〇〇四年。

小池修一郎「新たなジェネレーションの息吹で作り上げていく『エリザベート』」小川敦子編『「エリザベート」とクンツェ&リーヴァイの世界』日之出出版、二〇一五年。

上月晃・森繁久彌・越路吹雪・浅利慶太「日本人向き手直し成功　楽しきかなミュージカル　失覚者大いに語る」『読売新聞』一九七九年一月三日朝刊。

小藤田千栄子『ミュージカル・コレクション』講談社、一九八六年。

小櫃万津男『日本新劇理念史〈明治前期篇〉――明治の演劇改良運動とその理念』白水社、一九八八年。

――『日本新劇理念史〈明治中期篇〉――明治の演劇改良運動とその理念』白水社、一九九八年。

小林一三「啓蒙藝術の話」『歌劇』八十二巻、歌劇発行所、一九二七年。

作田啓一・多田道太郎・津金沢聡広『マンガの主人公』至誠堂、一九六五年。

佐々木毅・鶴見俊輔・富永健一・中村政則・正村公宏・村上陽一郎編『戦後史大事典』三省堂、一九九一年。

島野盛郎『夢の中に君がいる――越路吹雪物語』白水社、一九八八年。

ショー、G・バーナード『人と超人――ピグマリオン』倉橋健・喜志哲雄訳、白水社、一九九三年。

松竹株式会社『松竹株式会社　2020年2月期　決算短信〔日本基準〕(連結)』二〇二〇年四月十四日。

新劇団協議会三十年史編集委員会編『劇団・戦後のあゆみ――新劇団協議会三十年史』新劇団協議会、一九八六年。

鈴木国男「エリザベート変容」『共立女子大学文芸学部紀要』五十八巻、共立女子大学、二〇一二年。

高田城「『オペラ座の怪人』をプロデュースする浅利慶太に聞く」『テアトロ』五四一号、一九八八年。

高野正雄「〝本場〟をみごとに再現　東宝の『マイ・フェア・レディ』」『毎日新聞』一九六三年九月六日夕刊。

高橋洋二編、小藤田千栄子・萩尾瞳構成『別冊太陽　ブロードウェイミュージカル――トニー賞のすべて』平凡社、一九九二年。

宝塚少女歌劇団編『宝塚少女歌劇廿年史』宝塚少女歌劇団、一九三三年。

田家秀樹『歌に恋して――評伝・岩谷時子物語』ランダムハウス講談社、二〇〇八年。

津金澤聰廣・近藤久美編著『近代日本の音楽文化とタカラヅカ』世界思想社、二〇〇六年。

常山菜穂子『アメリカン・シェイクスピア――初期アメリカ演劇の文化史』国書刊行会、二〇〇三年。

――「ミュージカル誕生と十九世紀アメリカにおける文化の序列化」『演劇学論集　日本演劇学会紀要』五十一巻、二〇一〇年。

ディズニーファン編集部編『ディズニーミュージカルの魔法』講談社、二〇一三年。

テイモア、ジュリー『ライオンキング――ブロードウェイへの道』藤田みどり訳、日之出出版、一九九八年。

東宝株式会社『東宝株式会社　二〇二〇年二月期　決算短信〔日本基準〕（連結）』二〇二〇年四月十四日。

中川右介『松竹と東宝――興行をビジネスにした男たち』光文社、二〇一八年。

中野正昭編、神山彰監修『ステージ・ショウの時代　近代日本演劇の記憶と文化3』森話社、二〇一五年。

野村進『島国チャイニーズ』講談社、二〇一一年。

バコール、ローレン『私一人』山田宏一訳、文藝春秋、一九八四年。

秦豊吉『三菱物語』要書房、一九五二年。

――『宝塚と日劇――私のレビュウ十年』いとう書房、一九四八年。

――『劇場二十年』朝日新聞社、一九五五年。

――『演劇スポットライト』朋文堂、一九五五年。

――『日劇ショウより帝劇ミュージカルスまで――私の演劇資料第五冊』秦豊吉先生を偲ぶ会、一九五八年。

ハタノ、リリアン・テルミ『マイノリティの名前はどのように扱われているのか――日本の公立学校におけるニューカマーの場合』ひつじ書房、二〇〇九年。

ハッチオン、リンダ『アダプテーションの理論』片渕悦久・鴨川啓信・武田雅史訳、晃洋書房、二〇一二年。

バーバ、ホミ・K『文化の場所――ポストコロニアリズムの位相』本橋哲也・正木恒夫・外岡尚美・坂元留美訳、法政大学出版局、二〇〇五年。

阪急阪神ホールディングス株式会社『阪急阪神ホールディングスグループ二〇一九年度（二〇二〇年三月期）決算説明会資料』二〇二〇年五月十九日。

日比野啓編、神山彰監修『戦後ミュージカルの展開　近代日本演劇の記憶と文化6』森話社、二〇一七年。

古川清『舞台はやめられない』飛鳥新社、二〇〇五年。

古川ロッパ『古川ロッパ昭和日記――戦後編』晶文社、一九八八年。

マクミリン、スコット『ドラマとしてのミュージカル――ミュージカルを支える原理と伝統的手法の研究：カーンからソンドハイムまで』有泉学宙訳、彩流社、二〇一五年。

松崎哲久『劇団四季と浅利慶太』文藝春秋、二〇〇二年。

三島由紀夫「現代女優論――越路吹雪」『朝日新聞』一九六一年七月十五日朝刊。

向井爽也『にっぽん民衆演劇史』日本放送出版協会、一九七七年。

森彰英『行動する異端――秦豊吉と丸木砂土』TBSブリタニカ、一九九八年。

森佳子『オペレッタの幕開け』青弓社、二〇一七年。

森下信雄「宝塚歌劇のコミュニケーション戦略」『阪南論集』社会科学編五十五巻一号、阪南大学、二〇一九年十月。

安田常雄「大衆文化のなかのアメリカ像――『ブロンディ』からTV映画への覚書」『アメリカ研究』三十七号、二〇〇三年。

薮田直子「在日外国人教育の課題と可能性――『本名を呼び名のる実践』の応用をめぐって」『教育社会学研究』第九十二集、二〇一三年八月。

山崎正和「浅利慶太との歳月」『悲劇喜劇』第七十二巻第五号、早川書房、二〇一九年九月。

山本健一「ビフォア・キャッツの時代――劇団四季の海外現代創作劇路線について」『悲劇喜劇』第七十二巻第五号、早川書房、二〇一九年九月。

吉井澄雄・小澤泉・内田洋一「現代演劇史における浅利慶太」『悲劇喜劇』第七十二巻第五号、早川書房、二〇一九年九月。

ライブ・エンタテインメント調査委員会『ライブ・エンタテインメント白書　レポート編2020』二〇二〇年。

早稲田大学演劇博物館編『よみがえる帝国劇場展』早稲田大学演劇博物館、二〇〇二年。

渡辺裕『宝塚歌劇の変容と日本近代』新書館、一九九九年。

「帝劇の舞台にストリップ」『読売新聞』一九五〇年十一月二十八日朝刊。

「恥ずかしさより寒さに閉口」『読売新聞』一九五一年一月二十五日夕刊。

「話の巷」『読売新聞』一九五一年二月九日夕刊。

「『モルガンお雪』広告」『読売新聞』一九五一年二月十七日夕刊。

「人気の焦点をつく　越路吹雪　国際性ある色気」『読売新聞』一九五一年十月三十日朝刊。

「『マイ・フェア・レディー』を日本で上演　菊田のみやげ話」『毎日新聞』一九六二年十一月十九日夕刊。

「マイ・フェア・レディ日本でも上演へ——〝ミュージカルの手本〟意欲的な菊田東宝重役」『読売新聞』一九六二年十一月二十六日夕刊。

「東宝　秋の演劇攻勢」『読売新聞』一九六三年八月七日夕刊。

「ミュージカル『マイ・フェア・レディ』」『アサヒグラフ』一九六三年九月二十一日号、朝日新聞社。

「ブロードウェイ・ミュージカルの路線を敷いた菊田一夫」『読売新聞』一九六四年七月二十一日夕刊。

「ことしのミュージカル界」『読売新聞』一九六四年十二月二十六日夕刊。

「かげの声——越路吹雪よどこへゆく」『東京新聞』一九六八年八月二十七日夕刊。

「東宝ミュージカルの35年」『アサヒグラフ』一九九八年五月二十二日号、朝日新聞社。

Batiste, Stephanie Leigh. *Darkening Mirrors: Imperial Representation in Depression-Era African American Performance* (Durham and London: Duke University Press, 2011).
Benshoff, Harry M. Sean Griffin, *America on Film: Representing Race, Class, Gender, and Sexuality at the Movies* (Oxford: Wiley-Blackwell, 2011), Case Study: *The Lion King* (1994), Kindle.

Blumenthal, Eileen. Julie Taymor, *Julie Taymor: Playing with Fire* (New York: Harry N. Abrams, 1999).

Cappiccie, Amy. Janice Chadha, Muh Bi Lin, Frank Snyder, "Using Critical Race Theory to Analyze How Disney Constructs Diversity: A Construct for the Baccalaureate Human Behavior in the Social Environment Curriculum," *Journal of Teaching in Social Work*, 32, No.1 (2012)

Cerniglia, Ken. Aubrey Lynch II, "Embodying Animal, Racial, Theatrical, and Commercial Power in The Lion King," *Dance Research Journal*, Vol.43, No.1 (2011).

Chapin, Emerson. "'FAIR LADY' WINS TOKYO APPLAUSE; Japanese Audience Ignores Custom as Show Arrives Costumes Are Colorful Comedian Draws Laughs Careful About Accent," *The New York Times*, (September 2, 1963).

Craft, Elizabeth Titrington. "Headfirst into an Abyss: The Politics and Political Reception of Hamilton," *American Music*, Vol.36, No.4 (Winter 2018).

DiAngelo, Robin. *What Does It Mean to Be White?: Developing White Racial Literacy* (New York: Peter Lang, 2016).

Fliotsos, Anne. Wendy Vierow, *American Women Stage Directors of the Twentieth Century* (Urbana and Chicago: University of Illinois Press, 2008)

Gooding-Williams, Robert. "Disney in Africa and the inner city: On race and space in The Lion King," *Social Identities*, 1 (2) (1995).

Granger, Brian. "Disney's *The Lion King* on Broadway (1997) as a Vital Sign for Understanding Civic and Radicalized Presence in the Early Twenty-First Century," Sarah Kate Whitfield, ed., *Reframing the Musical: Race, Culture and Identity* (London: Red Globe Press, 2019).

Henderson, Mary C. *Theater in America: 200 Years of Plays, Players, and Productions* (New York: Harry N. Abrams, 1986).

Hoffman, Warren. *The Great White Way: Race and the Broadway Musical* (New Brunswick, N.J.: Rutgers University Press, 2014), Kindle.

Hopkins, Kristin Bria. "There's No Business Like Show Business: Abandoning Color-Blind Casting and Embracing Color-Conscious Casting in American Theatre," *Harvard Journal of Sports and Entertainment Law*, Vol.9, Issue 2 (Spring 2018).

Modenessi, Alfred Michel. "Disney's 'War Efforts': The Lion King and Education for Death, or Shakespeare Made Easy for Your Apocalyptic Convenience," *Ilha do Desterro: A Journal of English Language, Literature in English and Cultural Studies*, 49 (2005).

Pao, Angela C. *No Safe Spaces: Re-casting Race, Ethnicity, and Nationality in American Theater* (Ann Arbor: University of Michigan Press, 2010), Kindle.

Schechner, Richard. Julie Taymor, "Julie Taymor: From Jacques Lecoq to 'The Lion King': An Interview," *TDR*, Vol.43, No.3 (1999).

Weber, Anne Nicholson. *Upstaged: Making Theatre in the Media Age* (New York: Routledge, 2006).

"'Eraiza' and Company," *Newsweek*, Vol. 62, No.12 (September 16, 1963).

◉参考ウェブサイト

・企業・劇団ＨＰ

一般社団法人日本2・5次元ミュージカル協会〈https://www.j25musical.jp/〉

劇団四季公式サイト〈https://www.shiki.jp/〉

宝塚歌劇公式ホームページ〈https://kageki.hankyu.co.jp/〉

東宝オフィシャルサイト「演劇」〈https://www.toho.co.jp/stage/〉
ホリプロステージ〈https://horipro-stage.jp/〉
早稲田大学文化資源データベース〈https://archive.waseda.jp/archive/〉

・インターネット閲覧記事
ＴＦＣ東北新社『NEWS RELEASE』No.201002、株式会社東北新社、二〇一〇年三月二十三日。
「劇団四季、韓国進出へ」『Korean Business Network』二〇〇四年七月二十七日〈http://www.kbn-japan.com/KN040727-01.htm〉
「劇団四季韓国公演が閉幕　４億円赤字も『大きな意味あった』」『朝日新聞』二〇〇七年十一月二十八日〈https://www.asahi.com/culture/stage/theater/TKY200711280214.html〉
「韓国俳優の爆発力、日本は到底ついていけない」『中央日報』二〇〇九年七月十四日〈https://japanese.joins.com/jarticle/117892?ref=mobile〉
「創立65年、劇団四季が愛される秘密に迫る５つのキーワード」『NEWSポストセブン』二〇一八年三月十八日〈https://www.news-postseven.com/archives/20180318_660178.html?DETAIL〉

Brantley, Ben. “Review: ‘Anastasia,’ a Russian Princess With an Identity Crisis,” *The New York Times*, April 24, 2017〈https://www.nytimes.com/2017/04/24/theater/anastasia-review-broadway.html〉
Davis, Derrick. “About the Dreamer,” *Derrick Davis@dreamclimber*〈https://www.therealderrickdavis.com/〉
Gardner, Elysa. “Julie Taymor on the Lasting Legacy of The Lion King,” *Broadway Direct*（November 6, 2017）〈https://

broadwaydirect.com/julie-taymor-lasting-legacy-lion-king/〉
Lamberson, Carolyn. "'Lion King' memories: Spokane actor Dan Donohue looks back on his long run behind Scar's mask," *The Spokesman-Review* (January 17, 2019) 〈https://www.spokesman.com/stories/2019/jan/17/lion-king-memories-spokane-actor-dan-donohue-looks/〉
Rose, Charlie. "Julie Taymor: A conversation about the Broadway adaptation of the Disney film 'The Lion King'" (December 4, 1997 〈https://charlierose.com/videos/5844/〉
White House Press Office, "Remarks by the President at 'Hamilton at the White House'" (March 14, 2016) 〈https://obamawhitehouse.archives.gov/the-press-office/2016/03/14/remarks-president-hamilton-white-house/〉
Wiegand, Chris. "Julie Taymor: how we made The Lion King musical," *The Guardian* (October 22, 2019) 〈https://www.theguardian.com/stage/2019/oct/22/julie-taymor-how-we-made-the-lion-king-musical/〉

◉ YouTube 閲覧動画

梅田芸術劇場チャンネル Umeda Arts Theater「ミュージカル『アナスタシア』メイキング〈登場人物〉」二〇一九年九月九日〈https://www.youtube.com/watch?v=UW1yvIx11VQ〉
――「ミュージカル『アナスタシア』メイキング〈ストーリー〉」二〇一九年九月九日〈https://www.youtube.com/watch?v=tzivGOGrBaM〉
――「ミュージカル『アナスタシア』メイキング〈完成への道のり〉」二〇一九年九月九日〈https://www.youtube.com/watch?v=Vxpui_LD_RI〉
――「ミュージカル『アナスタシア』製作発表　歌唱映像〈アーニャ役〉♪Journey to the Past」二〇一九年十二月六日〈https://www.youtube.com/watch?v=KIeSCylqnrA〉

shikichannel「劇団四季『ライオンキング』第一話 ホームルーム」二〇一〇年二月十八日〈https://www.youtube.com/watch?v=9VaNXMZA4po〉
——「劇団四季『ライオンキング』第二話 校庭」二〇一〇年二月十八日〈https://www.youtube.com/watch?v=l0BpAhguCSA〉
——「劇団四季『ライオンキング』第三話 校庭 その2」二〇一〇年二月十八日〈https://www.youtube.com/watch?v=4axXEH8A4sY〉
——「劇団四季『ライオンキング』第四話 三者面談」二〇一〇年二月十八日〈https://www.youtube.com/watch?v=bsZgB4fTWsM〉
——「劇団四季『ライオンキング』第五話 屋台のおでん」二〇一〇年二月十八日〈https://www.youtube.com/watch?v=fDf7MNJs8u0〉
——「劇団四季：『ライオンキング』スペシャルドキュメント」二〇一一年一月二日〈https://www.youtube.com/watch?v=NasRG0HnPTc〉
——「劇団四季：『ライオンキング』スペシャルドキュメント（後編）」二〇一一年一月十二日〈https://www.youtube.com/watch?v=zyK4hOA5QKs〉
Broadwaycom, “Character Study: Jelani Remy, Simba in THE LION KING on Broadway,”（April 14, 2016〈https://www.youtube.com/watch?v=K0PaHmgBvaM〉
——, “See THE LION KING's Adrienne Walker Become the Fearless Nala,”（September 21, 2019）〈https://www.youtube.com/watch?v=wz21sf9kvIc〉
——, “CHARACTER STUDY: Tshidi Manye as Rafiki in THE LION KING,”（August 23, 2019）〈https://www.youtube.com/watch?v=YIDD8esZZPU〉

——, "Character Study: See THE LION KING Broadway Star L. Steven Taylor Turn Into Mufasa,"（August 30, 2019）〈https://www.youtube.com/watch?v=MAaabyXImMo〉
——, "CHARACTER STUDY: Patrick R. Brown as Scar in THE LION KING,"（October 23, 2019）〈https://www.youtube.com/watch?v=2y9QWW5e2X4&t=82s〉

◉ブログ

金すんら「浅利慶太氏の訃報に接して」『Ameba ブログ』二〇一八年七月十八日〈https://ameblo.jp/kimsungrak/entry-12391720432.html〉

◉参考プログラム

・東宝

第一回帝劇コミックオペラ『モルガンお雪』公演プログラム、帝国劇場、一九五一年。
第二回帝劇コミックオペラ『マダム貞奴』公演プログラム、帝国劇場、一九五一年。
第三回帝劇ミュージカル・コメディ『お軽と勘平』公演プログラム、一九五一年。
第五回帝劇ミュージカルス『美人ホテル』公演プログラム、帝国劇場、一九五二年。
第六回帝劇ミュージカルス『天一と天勝』公演プログラム、帝国劇場、一九五二年。
第八回帝劇ミュージカルス『喜劇蝶々さん』公演プログラム、帝国劇場、一九五四年。
東宝歌舞伎十一月公演『お軽と勘平』公演プログラム、東宝本社事業課、一九五五年。
東宝ミュージカルス第一回公演プログラム、東宝本社事業課、一九五六年。
コマ・ミュージカル『スター誕生』新宿コマ・スタジアム、一九六二年。

ミュージカル『マイ・フェア・レディ』公演プログラム、東宝事業部出版課、一九六三年。

東宝ミュージカル特別公演『ノー・ストリングス』公演プログラム、東宝事業部出版課、一九六四年。

ミュージカル『スカーレット——風と共に去りぬ』公演プログラム、東宝株式会社事業部出版課、一九七〇年。

トニー賞国際特別賞受賞記念東宝ミュージカル特別公演『マイ・フェア・レディ』公演プログラム、東宝株式会社事業部出版課、一九七三年。

・梅田コマ・スタジアム／梅田芸術劇場
ミュージカル『メイム』公演プログラム、梅田コマ・スタジアム、一九六七年。

ミュージカル『アナスタシア』公演プログラム、梅田芸術劇場、二〇二〇年。

・宝塚歌劇
ミュージカル『エリザベート——愛と死の輪舞《ロンド》』東京宝塚劇場月組公演プログラム、阪急コーポレーション、二〇一八年。

ミュージカル『アナスタシア』東京宝塚劇場宙組公演プログラム、阪急コーポレーション、二〇二一年。

・日生劇場
ミュージカル『結婚物語』公演プログラム、日生劇場、一九六九年。

・劇団四季
ミュージカル『アプローズ』公演プログラム、日本ゼネラルアーツ・劇団四季、一九七三年。

ミュージカル『ライオンキング』公演プログラム、劇団四季、一九九八年発行版。

ミュージカル『ライオンキング』公演プログラム、劇団四季編集部、二〇〇四年発行版。

ミュージカル『ライオンキング』公演プログラム、劇団四季編集部、二〇一一年発行版。

ミュージカル『ライオンキング』公演プログラム、劇団四季編集部、二〇一五年発行版。

・Broadway
Disney Theatrical Productions, "The Lion King: Souvenir Brochure" (2013).

◉映像資料

・映画（DVD/Blu-ray）
ロジャー・アレーズ、ロブ・ミンコフ監督『ライオン・キング』（*The Lion King*、一九九四年公開）ダイヤモンド・コレクション、ウォルト・ディズニー・スタジオ・ジャパン、二〇一五年。

ジョージ・キューカー監督『マイ・フェア・レディ』（*My Fair Lady*、一九六四年公開）、パラマウント、二〇一九年。

ノーマン・ジュイソン監督『ジーザス・クライスト＝スーパースター』（*Jesus Christ Superstar*、一九七三年公開）、ＮＢＣユニバーサル・エンターテイメント、二〇一四年。

ドン・ブルース監督『アナスタシア』（*Anastasia*、一九九七年公開）、20世紀フォックスホームエンターテイメントジャパン、二〇一八年。

・舞台（DVD/Blu-ray）
越路吹雪『永遠の越路吹雪——日生劇場リサイタル'70』（一九七〇年五月三日公演収録）、ＥＭＩミュージック・

ジャパン、二〇〇五年。

宝塚歌劇宙組、ミュージカル『アナスタシア』（二〇二〇年十一月二十日公演収録）、株式会社宝塚クリエイティブアーツ、二〇二一年。

『ジーザス・クライスト＝スーパースター　アリーナ・ツアー』（*Jesus Christ Superstar Live Arena Tour*、二〇一二年公演）、ジュネオン・ユニバーサル・エンターテイメント、二〇一三年。

・テレビ番組
TAKARAZUKA SKY STAGE『トップスターの系譜#1「花組」―前編―』二〇〇二年九月四日初回放送。
TAKARAZUKA SKY STAGE『アナスタシア（二〇二一年宙組・東京・千秋楽）』二〇二一年二月十三日放送。

◉音楽資料
CD
劇団四季『ライオンキングミュージカル』ウォルト・ディズニー・レコード、一九九九年。
越路吹雪『越路吹雪　若き日の歌声〜愛の讃歌〜』日本コロムビア、二〇一八年。
ディズニー『「ライオン・キング2」リズム・オブ・ザ・プライドランド』ウォルト・ディズニー・レコード、一九九八年。
Original Broadway Cast, *Anastasia*, Broadway Records (2017).
Original 1997 Broadway Cast, *The Lion King*, Walt Disney Records (1997).
Original Broadway Cast 1956, *My Fair Lady*, Naxos Musicals (2008).

【著者】

武田 寿恵

（たけだ・としえ）

1990年生まれ。青森県弘前市出身。
明治大学大学院文学研究科演劇学専攻博士前期課程修了後、
同大学院の理工学研究科建築・都市学専攻総合芸術系博士後期課程へ入学。
戦後日本におけるミュージカル受容を中心に研究を続け、
2022年に博士号（学術）を取得。
神奈川工科大学、昭和音楽大学で非常勤講師を経験し、
現在、明治大学兼任講師。
主要論文に、「動物たちのカラーブラインド・キャスティング
――ミュージカル『ライオンキング』におけるジュリー・テイモアの表象戦略」
（『アメリカ研究』第55号、2021年）、
「菊田一夫が目指した『本もののミュージカル』
――日本初のブロードウェイ・ミュージカル上演『マイ・フェア・レディ』を巡って」
（『総合芸術系』第1号、2018年）、
「童心主義に抗って――坪内逍遙の児童劇に見る自然表象」
（『文学と環境』第18号、2015年）など。

日本《にほん》のブロードウェイ・ミュージカル60年《ねん》

プロデューサーたちはいかにしてミュージカルを輸入《ゆにゅう》したのか

2023年6月30日　第1刷発行
2023年9月15日　第2刷発行

【著者】
武田 寿恵

発行者：高梨 治

発行所：株式会社**小鳥遊《たかなし》書房**
〒102-0071　東京都千代田区富士見1-7-6-5F
電話 03 (6265) 4910（代表）／FAX　03(6265)4902
https://www.tkns-shobou.co.jp
info@tkns-shobou.co.jp

装幀　鳴田小夜子（KOGUMA OFFICE）
印刷　モリモト印刷(株)
製本　(株) 村上製本所
ISBN978-4-86780-007-2　C0074